自死遺族支援と自殺予防

キリスト教の視点から

監修　平山正実・斎藤友紀雄
編集　『信徒の友』編集部

日本キリスト教団出版局

連載「シリーズ自死を考える」書籍化にあたって

キリスト教月刊誌『信徒の友』の二〇一二年度、二〇一三年度と二年間にわたる連載「シリーズ自死」が書籍化される運びとなり、担当編集者として万感胸に迫るものがあります。

本書の監修者で、その実務を中心的に担ってくださった斎藤友紀雄先生に逐一相談にのっていただきながら、内容、執筆者を決め、執筆を依頼し、原稿をいただいた後も何度もやりとりしていく過程は毎号が試行錯誤の連続でした。至らないことも多く、執筆者の方々からたくさんのことを教えられました。この場を借りて、お詫びとお礼を申し上げます。

この連載は、編集部にかねてから寄せられていた「自死を取り上げてはどうか」という幾多の声に、ようやく応えるかたちで始まりました。連載を始めてみると、たくさんのお便りが編集部に届きました。自死遺族の方が大半でした。驚いたことに匿名のお便りはほとんどありませんでした。その多くには住所、氏名はもちろん電話番号が、そして所属教会名まで書かれているものも少なからずありました。そうしたお便りの一部を連載一年目の後半に掲載できたことは幸いでした（85〜93ページ）。斎藤友紀雄先生いわく、「自死遺族が口を開くこと、それが自死の一番の抑止力」だからです。

また、取材先でも信徒の方からそっと声をかけられることがよくありました。「自死の連載、読んでますよ」「自死のことを取り上げてくださって、ありがとう」「自死は教会が真剣に考えるべき大切な課題ですね」など、励ましのお言葉をいただきました。中にはこの連載をテーマに勉強会を開いた教会もありました。

連載当初、「自殺」という言葉は、「自殺予防」や「自殺統計」など客観的な表現としては使うけれども、それ以外は遺族の感情を汲んで使うべきではない言葉だと考え、誌面では「自死」を使うようにしてきました。しかし、一年目のテーマ「自死遺族支援」に続く二年目のテーマ「自殺予防」では、自殺という言葉が誌面に飛び交いました。最初は当惑気味だった私ですが、特に自殺防止に取り組まれている専門家の方々は、自殺という言葉を忌憚なく使いました。それはやはり、自死という言葉が事の重大さ、事実をややもすると軽減させてしまうおそれがあることを懸念してのことだったと思います。

キリスト者として育てられてきた私には「自殺は許されないこと」という教えがいつも頭のどこかにありました。せっかくの与えられた命です。確かに自分で終わらせてしまうのはもったいない、死ぬくらいだったら何だってできるのではないだろうか、などと思ったりもしました。一方で、実際にはやむを得ないこともあるのだろう、そういう場合は神さまが自死した人を裁くことはないだろう、という程度の理解でした。

しかし二年間のこの連載を終えて明確にわかりました。それは、自死した人たちは本当は生きたかったのだ、しかしそれがかなわず自死せざるをえない状況に追い込まれたのだということです。ですから、本書の監修者でもある平山正実先生が自死者の尊厳を守る活動をされてきたことを知り、深く感銘を受けました（２２１ページ以下）。

この連載は正直、他の記事に比べ数倍の時間と労力、そして何より神経を使いました。しかし、それ以上に学ぶことが多くありました。そして、いのちとはこんなにも尊いものだと、自死を通してあらためて知らされたのです。そのことをこの本を通して読者の皆さんと分かち合うことができれば、こんなにうれしいことはありません。この本を一人でも多くの方にお読みいただき、自死に対する理解を深めるとともに、自身のいのちのあり方について再考する機会となることを期待しています。

二〇一五年三月

『信徒の友』編集部

はじめに

近代日本における自殺研究は、明治中期に東京帝国大学医科大学教授であった呉秀三（一八六五～一九三二）の著作『精神病学集要』（創造出版）に見ることができます。筆者の手元にあるのはその後の復刻版の全三巻ですが、「精神病者ノ自殺及自殺ノ企圖」（一九〇〇年）と題された論文があります。彼はまた「此病を受けたる不幸の外に、此邦《くに》に生まれたるの不幸を重ぬものと云うべし」と指摘、わが国における精神病患者の人権、人道的待遇、無拘束看護などについて発言した人でした。

戦後になって本格的な自殺研究は、大原健士郎『日本の自殺――孤独と不安の解明』（誠信書房、一九六五年）に見られます。さらに明確に自殺予防を目的とした自殺研究と実践に取り組んだのは、当時目黒保健所長だった増田陸郎医師でした。彼は日本自殺予防学会（一九七〇年当時「自殺予防行政研究会」）の創立者ですが、彼の呼びかけに応じたキリスト者の中に、三永恭平牧師、また日本キリスト者医科連盟所属の稲村博氏、本書の共同編集者である当時三楽病院精神科に勤務していた平山正実医師がおりました。一方ドイツ人宣教師ルッ・ヘットカンプの呼びかけで、一九七一年一〇月に開始された電話相談「いのちの電話」にも、上述の四人の学者たちが参画したのです。稲村博氏は七三年には早速「いのちの電話精神科面接室」を設置、いのちの電話に訴えてきた自殺傾向のある患者たちの面接治療に取り組んだのですが、これはきわめて先駆的な試みでした。こうした彼の臨床実績に基づいて著されたのが、稲村博『自殺学——その治療と予防のために』（東京大学出版会、一九七七年）でした。

いのちの電話と日本自殺予防学会の活動は、上述したような優れた研究者、臨床家というべきか、あるいは卓抜した指導者を得て発足したのですが、最近になって政府からも、先駆的な事業であったとの評価を受けています。

わが国が国家的な自殺防止対策事業を立ち上げたのは、それから三〇年後の、二〇〇一年であることを考えると、上述の活動が、いかに開拓的であったかを伺い知ることができます。

国の自殺対策事業が始まってからさらに一〇年余り、自殺予防活動は全国的に拡大されてきました。今回は特に教会関係者の方々に執筆していただきましたが、広範な活動の広がりと、多彩な人材が用いられていることに感動を覚えます。いのちの電話を始めた四〇年あまり前、一般社会で自殺予防に関心を持つ人たちは極めて少なかったと記憶していますが、教会関係者でもそうでした。

今回の連載にあたっては、牧師・神父、精神科医・精神保健医あるいは心理臨床家、そして社会学者、さらに自死遺族支援のファシリテーターなど多数の方々に、優れた論文、報告をいただきました。また自死遺族や未遂経験のある方々からも､その経験を書いていただきました。特に、教会を広く開かれた場所として位置づけ、自殺予防や自死遺族支援を地域の中で、幅広い社会的なコンテキストの中で実施されていることに大きな共感を覚えました。

執筆者の方々にこころから感謝を申し上げたいと思います。小生は監修者というよりも世話役で日本キリスト教団出版局の市川真紀さんが優れた手腕を発揮して、怠惰な監修者を引っぱってくれました。彼女がいなければ本書は生まれなかったでしょう。こころから感謝いたします。

二〇一五年三月

日本自殺予防学会理事長　斎藤友紀雄

自死遺族支援と自殺予防——キリスト教の視点から

もくじ

第2章 自殺予防の取り組み

第3章 死にたい人と自死遺族と自死者のために

第1章
自死遺族を支える

自死差別とその歴史的展望

斎藤友紀雄（さいとう　ゆきお）
日本自殺予防学会理事長、日本基督教団隠退教師

自死遺族が主体的なカナダ

一九七〇年代の後半でしたか、筆者は初めてカナダでの国際自殺予防学会に出席したことがあります。自殺の精神病理、うつ病の治療の生化学、自殺の社会学、法医学など高度な学術的分科会だけでなく、自殺予防に取り組む市民団体も参加し、分科会を構えていました。このなかで存在感を示していたのは、〝サバイバー〟（survivor）と称するグループでした。

〝サバイバー〟とは日本で言う「自死遺族」です。〝サバイバー〟という言葉から察せられる

ように、自殺のあとに遺された者たちの意味で、家族ばかりでなく、恋人、親友、自殺が発生した学校の生徒、教師をも含みます。さらにアイドル歌手が自殺した後の熱狂的なファンも〝サバイバー〟なのです。自殺は家族ばかりではなく、広く地域社会にも影響をもたらすのです。

彼らの活動の中心はサバイバーへの支援ですが、同時に地域社会で受ける差別と偏見をなくそうと取り組んでいました。そして日本でもこのような活動ができないものかと思いをめぐらせました。

国家への反逆とされた時代

史的に調べると、自殺者とその遺族は長い受難の歴史をたどってきました。すでにギリシャ・ローマの時代から、自殺は国家への反逆であるとされ、公民権を奪われ葬儀すら禁止されるなど汚名を着せられました。ギリシャのミレトスで発生した若い女性の自殺連鎖はよく知られています。当局は自殺の伝播が都市国家の滅亡につながることを恐れたのでしょうか、女性の自殺遺体を町にさらしたと伝えられています。

あるいは十六世紀末に、フランスのパリで、自殺した若い男性の裸の死体が勢いづいた白馬に牽《ひ》かれ、町を引き回されるということがありました。木の橇《そり》にうつぶせに横たえられ、両足はロープで絡められ、腕は後ろに回されていました。集まった群集はその恐ろしい光景にたじろぎ、恐怖をもって見つめたと伝えられています。

教会は、葬儀はもちろん墓地への埋葬を拒否し、一方国家は自殺者、遺族の財産を没収したのです。古代同様、自殺は国家への反逆とされたからです。

同じころの日本では、近松の「心中もの」が大当たり、同時に情死が大流行しました。幕府は情死者の葬儀を禁止、未遂の男女を目抜き通りに三日間さらしたそうです。

それでも十七世紀になると、傑出した詩人で、のちに英国王室のチャプレン（牧師）となったジョン・ダンが『自殺論』を書き、自殺者は寛容をもって処遇し、葬儀や埋葬も教会で行われるべきだとしています。さすがその後に始まった啓蒙期・革命の時代になると、自殺を断罪する教義や法律も形骸化し、残酷な刑罰の執行も姿を消していきました。

もっとも英国ではつい五〇年余り前の一九六一年まで自殺は刑法上の犯罪でもあり、未遂者が拘留されていました。信じがたいことですが、英国だけを責められません。最近まで日本も、警察で自殺事例を扱う部署は〝防犯課〟でした。今日は「生活安全課」と称しています。

自殺は「けがれ」の偏見

それでは現在のわが国の実情はどうでしょうか。今日の社会や宗教は自殺者やその家族に過酷な処遇をする法令や慣習はなくなりました。ところが近年自死遺族支援活動にかかわっている人たちは、依然として残る差別や偏見、あるいは自殺後に周囲から向けられる視線にこころ痛む思いをしています。

例えば、あしなが育英会で奨学金を受けた自死遺児がまとめた手記『自殺って言えない』によると、彼らがある野球団の支援を受けて街頭募金をしていたときに、こころない通行人から、「あれは自殺だからダメ」との罵声を浴びたそうです。

また、ある自死遺族は自死した家族の葬儀を、いくつもの教会を訪ねて頼んだのに、どこでも断られ、果ては「自殺者の葬儀はしない」と拒否されたそうです。

あるいは借家住まいをしていた自殺者の遺族からの訴えで、借家の全面改装とお清め料など家主から一千万円近い請求があり、不当な請求であると裁判に訴えたものの、敗訴したケースもあるそうです。家屋の改装とお祓《はら》い料請求は、自殺はけがれているという偏見です。自殺をめぐる世情は、昔とさほど変わらないようです。

教会は無条件で葬儀の執行はしませんが、しかし葬儀をする、しないの議論はさておいて、つらい喪失経験をしている遺族の衝撃をまず受けとめるのが、その役割ではないのでしょうか。

自殺者に対する教会の反省

それでも教会や社会での自殺をめぐる認識はかなりの変化がみられます。二〇〇一年、日本カトリック司教団は「いのちへのまなざし」という冊子（カトリック中央協議会）の中で、感動的なメッセージを出しています。一部を紹介してみましょう。

「この世界の複雑な現実と、人間の弱さを考えるとき、わたしたちは自殺したかたがたの上に、神のあわれみが豊かに注がれるであろうことを信じます。しかし残念なことに、教会は『いのちを自ら断つことはいのちの主である神に対する大罪である』という立場から、これまで自殺者に対して、冷たく、裁き手として振る舞い、差別を助長してきました。今その事実を認め、わたしたちは深く反省します。この反省の上に立って、これからは、神のあわれみとそのゆるしを必要としている故人と、慰めと励ましを必要としているその遺族のために、心を込めて葬儀ミサや祈りを行うよう、教会共同体全体に呼びかけていきたいと思います」

社会の課題となった自殺対策

さらに日本政府は二〇〇六年六月に「自殺対策基本法」を成立させ、二〇〇七年六月に「自殺総合対策大綱」を策定しました。この中には自死遺族を支える指針が明記されていますが、これに沿って現在各地で自死遺族支援活動が広がっています。

この大綱によると、「遺された人への支援を充実する」と題して、次の四項目が掲げられています。（1）遺族の自助グループ等の運営支援、（2）学校、職場での事後対応の促進、（3）遺族等のための情報提供の促進等、（4）遺児へ

のケアの充実ですが、さらに自殺予防一般について、遺族支援も民間団体との連携強化が強調されています。こうした基本線に沿って、現在各地に支援グループができています。筆者が世話役をしている電話相談機関「いのちの電話」でも、最近は遺族支援事業が各地で行われています。三〇数年前北米で抱いた願いが、今実現しつつあることを考えると感無量の思いです。

東京・目黒の保健所長であった増田陸郎氏はカトリック医師会所属の医師で、日本自殺予防学会の創立者でした。もう故人となりましたが、保健所を退官後、こころ病む人たちのために余生をささげると決意し、自助グループの指導やいのちの電話のボランティアなどをされていました。その延長線に自殺予防活動もあったのです。

いつも対等な目線で患者に接し、ある時には長期にわたった闘病生活を涙ながらに語る患者と抱き合って泣いたというエピソードがあります。自死遺族にかかわる視線も同じだと、増田医師は自分の生きざまを通して教えてくれたと思っています。

G8各国における自殺率

WHO 2011年データ

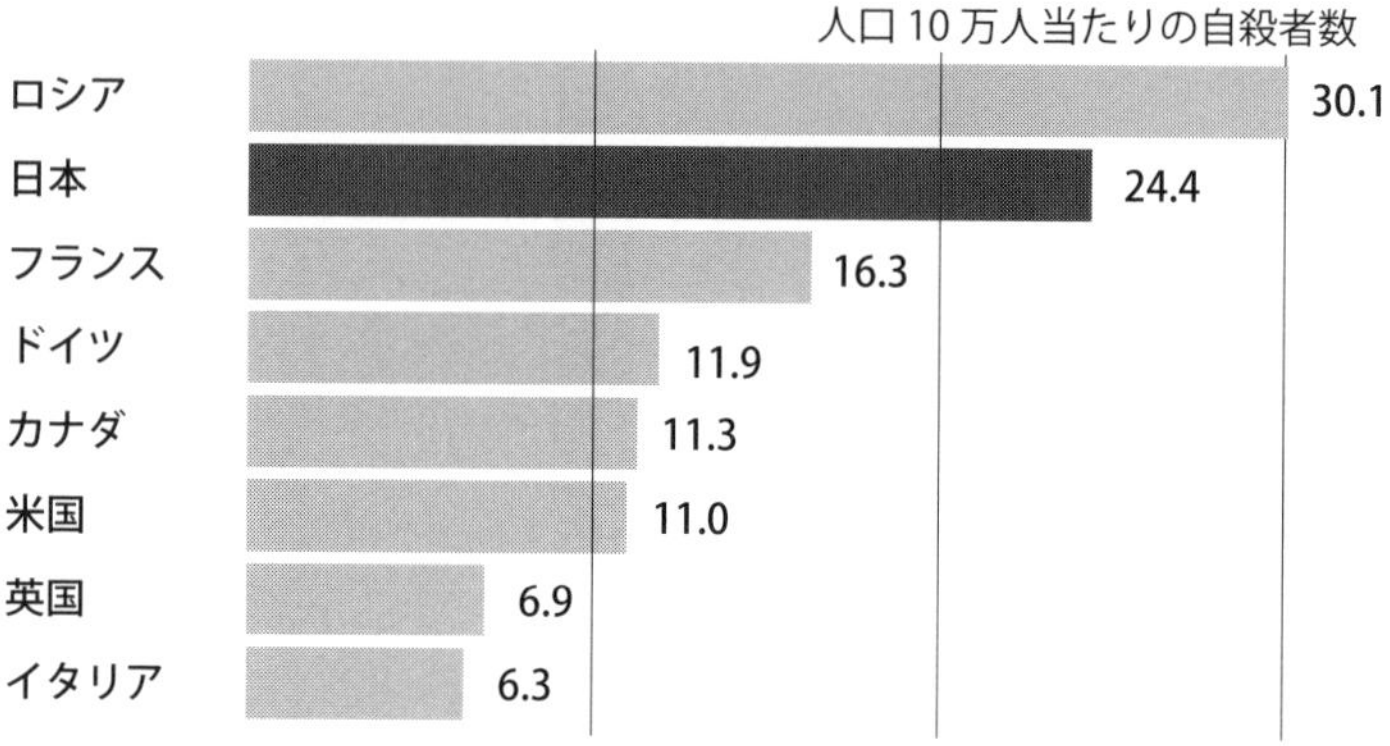

自殺予防に期待される

認知行動療法

考え方や行動のパターンを変えることで心の負担を軽くする「認知行動療法」に力を入れている英国では、自殺率の低下などの効果をあげている。一方、日本ではうつ病治療は抗うつ剤などの薬物療法が中心で、大量使用が問題となっている。薬で治るのは5～6割程度だが、認知行動療法を組みあわせれば7割以上になり、再発率も低いというが、日本での導入は遅れている。

そんな中、2011年4月1日、国立精神・神経医療研究センター（東京都小平市）は薬だけに頼らない治療の専門家を育てる組織を発足させた。一生のうち5人に1人は精神疾患にかかるとされている現代にあって、認知行動療法が広がれば自殺予防にもつながるかもしれないとの期待が広がっている。

神さまに本当に「委ねる」ということ

飯塚道夫（いいづか みちお）
神奈川・日本バプテスト連盟青葉キリスト教会員

原因不明の体調不良に悩む歳月

我が家で最も信仰篤《あつ》く、私たちの誇りであった長女は一〇年前の四月、自ら神さまの所へ翔《と》んでいってしまいました。二十五歳でした。

幼いころからアレルギーが強く、喘息《ぜんそく》を起こして夜中に近所の病院へ吸入に行ったり、体調を崩して学校を休む回数も多い子でしたが、学校は大好きで、友だちをたくさん家へ呼んだり、とても世話好きでした。何より小学校五年生のときに*ロティー・ムーンのことを学び、それ

*ロティー・ムーン（1840～1912）は中国伝道に命をかけたアメリカの女性宣教師

に背中を押されて洗礼を受けてからは、教会に友だちを連れていくことを使命に感じて伝道を続けていました。それは二十五歳まで決して変わることのないものでした。

しかし、友だちは大好きでも、心臓が度々苦しくなりました。私たちも心配でいろいろな病院で検査をし、診察していただきました。その都度「特に問題はありません」と言われました。問題があるのも困るのですが、原因がわからず苦しい症状が続くのは本人にとって、もっとつらいものです。結果を聞くたび解決の糸口が見いだせず落胆する娘の顔を、今でも忘れることができません。

私たちは「気のせいだから……」「普段はあんなに元気にしているのに……」と、どうしても娘を責める気持ちになってしまいました。学校に相談してもいつも明るく友だちも多く問題ないと言われ、教会での活動や超教派の高校生会の活動にも熱心で、体をすり減らしてでも頑張るという感じでした。そのため体力が持たず学校を休むことなどもあり、親としては看過できないイライラする状態が続いていきました。

次第に体調の悪い日が多くなり、内科や神経科に通う日が重なりました。とうとう高校を中退せざるを得なくなり、家族としても厳しい日々が続きました。それでも高校生会での活動はOBになっても続け、神学校でカウンセリングの学びも熱心にしていました。障がい児のベビーシッターをして生計を立てようとしたり、必死に自分の現状を打破しようとしていました。

また、ボランティア活動のような「人の役に立ちたい」という願いは人一倍強かったので、一九九七年の福井県三国町で起きたナホトカ号重油流出事故の際は、すぐに出かけて行きました。「油の中にいたら喘息が出るし、心臓が苦しくなるから……」という忠告に耳を貸さず出発しましたが、やはり具合が悪くなってしまいました。しかし、現地の人々に愛されて、その後四度も現地へ行き、支援本部を閉じる最後のときにも立ち会ってきました。

平安に包まれた「あの日」

そのような充実した日々を過ごしながらも心臓の苦しさは増すばかりでした。その苦しさの中、ハワイのN先生を頼って出かけました。ハワイに行った娘はとても元気になり、当地の学校で神さまの学びを続けていました。元気なまま二年の歳月が過ぎ、私たちも、もう大丈夫とすっかり安心していたとき、再び極度の体調不良を起こしてしまいました。

何とか帰国させ、再び我が家での生活が始まりましたが、あれだけ楽しく過ごせて神さまとの時間をたっぷりとることができたにもかかわらず、やはり襲ってきてしまう精神的な苦しさに大きなダメージを受けていました。どんなに素晴らしい条件がそろっても、この心臓の苦しさは取れないというつらさは、本人にしかわからないものだと思います。

「もう十分だから……」ということを、口にすることが多くなりましたが、そんな自死への不安を掻《か》き立てられるようなとき、私は不思議と平安があって、「神さまは娘を守ってくださる。取り去るようなことはない」と確信していました。ところがそんな確信をよそに、妙に生温かい春の日に娘は自ら逝《い》ってしまいました。

そのことが起きた後は不思議なほど冷静で平安でした。私の職場にそのままの事実を報告し、すべて包み隠さずにいました。聞かされた相手の方は大変だったと思いますが、次女も含めて家族三人にはこのつらさの中に不思議な平安が与えられました。「なぜこのようなことになってしまったのだ」「誰のせいなのだ」ということは、一切誰の口からも発せられず、悲惨な状況にある私たちが今一番神さまに近いところにいるのだという実感がありました。自分の今までの人生の中であれほど清められた状態を知りません。とにかく信じられないほどの穏やかな気持ちでした。

もちろん娘のことを思い涙があふれることは度々ありましたが、そのたびに心が清められ、慰められていくことを実感しました。まるで雲の上を歩いているかのような状態でありながらも三人で冷静に前を見つめていることは確かで、お互いにいたわりあいながら、葬儀などのめまぐるしい時を過ごしました。

痛みを分かち合える教会

このような出来事に際しても私たちが平安を与えられていたのは、牧師夫妻をはじめ、多くの教会員が熱い祈りで常に支えてくださったからです。私の教会では、礼拝の中で「分かち合い」の時間を大切にしています。教会員同士の抱えているさまざまな問題や、あるいは喜びなどをそのまま言葉にして語る時間を設けているのです。ですから、皆で日常的に痛みを共有しているという安心感がありました。この心の痛みを完全に共有するなどということはありえませんが、普段からそれぞれの困難な問題を知っていただいているということはとても大切なことだと思います。

そういった点、男性はなかなか困難な心情を口に出しにくいところがありますが、妻が多くの主にある仲間と以前から悩みを共有していたことは本当によかったと思います。

私たちはこの出来事を通して、神さまに本当に委ねるということを体験しました。常々「委ねる」という言葉は使いますが、本当に委ねきるということは難しいことだと思います。日常の中で現在にも将来にも不安を感ずることはいくらでもあるのですが、「その時はその時……」と、神さまが必ずどのようなときでも必要なことを与えてくださる、そうした開き直りにも似た思いを夫婦で共有できるようになりました。

自ら逝った娘がのこしたもの

そうした中である日、「お嬢さんに命を助けてもらいました」と見ず知らずの方が新潟からわざわざ我が家を訪ねてくださいました。インターネット上のやりとりで、娘の言葉で自死を思いとどまったという方でした。その後も何年も経ってから娘のまいた種がいろいろな所で芽を出している事実をたくさん目の当たりにすることができました。

やがて、長女の伝道の召命を家族で引き継いでいこうという決心がそれぞれに与えられました。次女は勤めを辞めて、長女が過ごしたハワイに行き、不思議な導きで神学校にて学び、現在幼児伝道をしています。私たち夫婦は「めおと伝道隊」を結成し、歌と朗読でいろいろな教会を回り奉仕させていただくことにしました。自死は「キリスト教では天国へ行けない。決して許されることではない」という強い思いがありました。「罪許されることを知っていながらどうして自ら命を絶つのか」。確かにその通りで、反論の余地はありません。また自死を美化したりする気持ちも全くありません。ただ、天国で娘と相まみえる希望を固く持っています。私たちは今も四人家族です。

クリスチャンの精神科医（本書監修者）

平山正実先生より

この手記を読ませていただき、深い感動を覚えました。娘さんの自死という事実をお父様が信仰の故に肯定的に受け止めておられるだけでなく、ご家族そろって伝道に励まれているからです。

娘さんは深い信仰のある方でした。しかし喘息の既往症や不安、心悸亢進《しんきこうしん》（心臓がどきどきする）、イライラ感、緊張などの精神症状を時に訴えられ、自殺念慮を持たれたこともあったようです。高校を中退されたとありますから、彼女の苦しみは周囲が想像する以上のものであったと思います。しかし娘さんはその苦しみと最期まで必死に闘われました。信仰と病気との葛藤を経て、神さまは安息の時を与え給いました。

よく、信仰者の中には信仰が強ければ心身の病気などにならない、あるいはなってもすぐに治ると言う人がいますが、このような考え方は見直していただきたいと思います。心身の病と神さまの聖霊が働く「場」である人格の部分とは別の次元であると考えます。むしろ、病によって人格の部分が練り清められ生長することすらあると思います。

キリスト者が心の病にかかったときは、牧師やご家族など周囲の方々が、信仰者である専門家（臨床心理士や精神科医）ときちんとしたネットワークを組むことが大切です。そして、自殺念慮を強く訴えたときはよく話し合った上で、一時休養入院することもひとつの方法でしょう。

原因・動機別の自殺者数の推移

内閣府『自殺対策白書』平成21,22,23年版所収、
警視庁「自殺統計」より内閣府作成資料

遺書等の自殺を裏付ける資料により明らかに推定できる原因・動機を3つまで計上可能としてある。そのため、原因・動機特定者の原因・動機別の和と原因・動機特定者の総数とは一致しない。なお、2007（平成19）年以降「不詳」の項目は、警視庁のデータの収集システムが変わったため非記載とした。

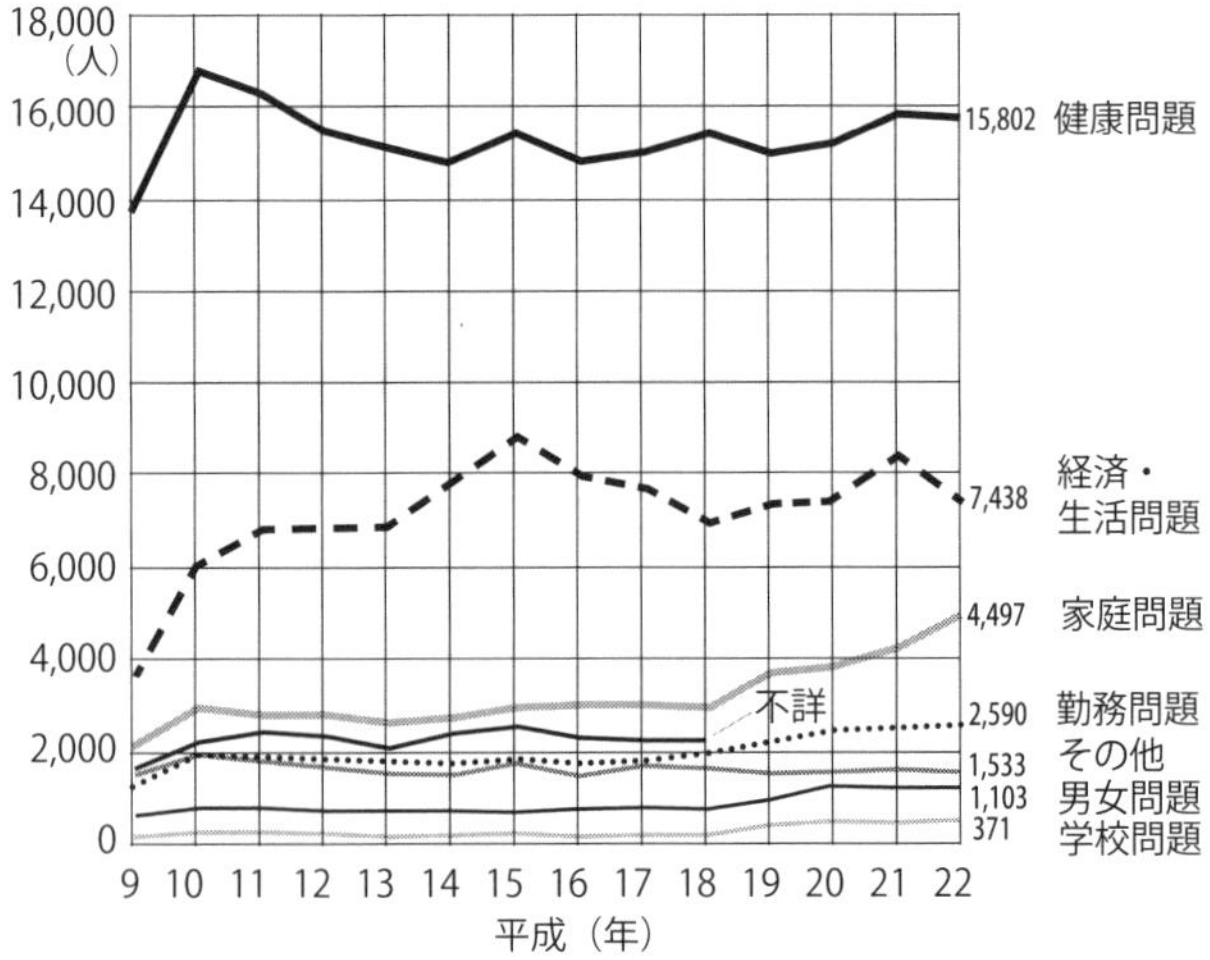

こころの病と信仰との関係

石丸昌彦（いしまる　まさひこ）
放送大学教授、精神科医、キリスト教メンタルケアセンター理事

牧師の自死

ずいぶん前になりますが、数年にわたってアメリカに滞在したことがあります。着いて最初の日曜日がイースターでしたので、さっそく近隣の教会に出かけて礼拝にあずかりました。二百年の歴史をもつ大きな長老主義教会です。壮麗な建物に集う数百人の出席者、パイプオルガンと聖歌隊の美しいハーモニー、けれども何より素晴らしかったのは牧師の説教でした。私たちにも聞きとれる平易な語り口で、「なぜ神さまは年老いた人を死なせて、別の人たち

を生まれさせるようなことをなさるの？　誰も死なず、現に生まれた人たちがずっと生きていられたらいいのに」という幼い女の子の疑問から説き起こし、まさにそれがイースターに実現したことを生き生きと語るのです。聖霊の臨在を感じさせる力強さが、強く印象に残りました。

それから一年ほど経ったある日、この牧師が自ら命を絶ったことをテレビのニュースで見て愕然《がくぜん》としました。復活の希望をあれほど雄弁に語ってくれたあの人に、いったい何が起きたのか。牧師は地元の名士でしたから、これは大きなニュース、というよりスキャンダルになりました。

やがて「うつ病であったらしい」との噂が、その後別の教会に加わっていた私たちのところへも流れてきました。そして声をひそめて噂を語る人々の口調には、どこか純粋な悲しみとは違ったよそよそしい冷淡さが混じっていたように思います。中には「牧師が自殺するなんて」と、あからさまに非難を口にする者もありました。しかし、彼はうつ病にかかって自殺したのです。それは本人の責任でしょうか。病気にかかって命を落とす不幸の上に、病気を理解されない不幸までも彼は負わなければいけないのでしょうか。

キリスト教の影響力が日本とは比較にならない強さで浸透しているアメリカだけに、こうした無形の圧力から逃げ場がなくなる事情もあるでしょうが、私たち自身の内にある危険を痛感する出来事でもありました。

精神疾患と信仰

そもそも牧師がうつ病にかかるのは、信仰の、あるいは召命感の不足によるものでしょうか？　クリスチャンが精神疾患にかかるのは、信仰のあり方が間違っているからでしょうか？　そんなことはありません。もちろん「心の病」は多種多様ですから、中には信仰を含め、日ごろの心のあり方を問わねばならない事態もあるでしょう。しかし、統合失調症や躁うつ病など多くの代表的な精神疾患について言えば、それにかかることは基本的に本人の落ち度ではありません。

「信仰が不足していたからうつ病になった」というのは、「信仰の不足のせいで胃がんになった」というのと同じくらいおかしなことです。統合失調症や躁うつ病が脳という身体器官の変調から起きることを考えれば、いくらか理解しやすいのではないでしょうか。

信徒として心の健康の問題を考えるときには、ぜひこのことを第一に、しっかりとわきまえておきたいと思います。「精神科医になど頼らず、祈って治しなさい」と助言するのは、得てして篤信の人にありがちのことです。けれどもそれは「牧師が自殺するなんて」と眉をひそめるのと同根の、無理解に根ざした不幸な過ちであると思います。

「自殺願望」という言葉

メディアから流れてくる情報にも、時として首を傾けたくなることがあります。たとえば「自殺願望」という言葉です。「うつ病の患者には自殺願望がある」といった表現をよく見聞するのですが、これは適切な言い方ではありません。

願望とは人が本心から「そうしたい」「そうなりたい」と望むことでしょう。うつ病患者はそのような意味で「死にたい」のではありません。自分でも避けたいと思いながら、いつのまにか「死」のことが頭から離れなくなり、考えまいとしても考えずにはいられなくなる、願望というよりも強迫観念に近いものです。

うつ病の患者さんだって、元気になりたいし生きていきたい。この「生きたい」という思いこそが本当の願望です。そのような思いを内側から蝕《むしば》んで空洞化させ、心を死の方向へ引きずっていくのが病気の恐ろしさなのです。

それなのに、あたかも本人がことさらそれを望んでいるかのような「自殺願望」といった言葉は、うつ病の患者をひねくれた自殺愛好者のように誤解させる一因となっていないでしょうか。

ついでながら「自殺願望」という言葉は精神医学の正式な用語にはありません。そのかわり、英語（idea）やドイツ語（Idee）を踏まえた「希死念慮」という言葉が使われており、その趣旨は前述の通りです。

死に引き寄せられるのは病気の症状ゆえであって、その人本来の願望ではないのです。そして自分自身を傷つけ周囲を戸惑わせる病的な言動の背後には、救いを求める健やかな魂が隠れています。うつ病に限らず精神疾患一般に言えることでしょう。

病気の為《な》せるわざと、その人本来のあり方との間に一線を引いて理解に努めること、これが信徒として、また教会としてわきまえておきたい第二の点です。難しいことのようですが、教会人ならば、それなりの準備はあるはずです。私たち自身、罪の力に翻弄されて自分本来の姿を見失った末、ようやく十字架のもとにたどり着いた者なのですから。

教会の役割

近年、心理的剖検法と呼ばれる手法を用いて、自殺に至るまでの心の軌跡が詳しく検討されるようになってきました。そこで明らかになったのは、「自殺者の大多数は、死の直前に何らかの精神疾患をもっていたと推測される」ということでした。

繰り返しになりますが、自死という行為は、その人のもともとの人柄や考え方の自然な結果ではありません。何らかの病的な変化の産物と考えるべきなのです。牧師でありながら自殺したその人を責めるのではなく、牧師ですら逃れがたい病の恐ろしさを悟るのでなければなりません。そして死に向かって引きずられるその人の心の底に、救いと癒やしを求める柔らかな魂のあることを知らなければなりません。

さて、24ページでも紹介された通り、わが国の人口あたりの自殺率は世界の最上位クラスに位置します。けれども精神疾患の発生率は、欧米諸国に比べれば決して多い方ではないのです。ということはわが国の場合、精神疾患などのために心の危機にさらされている人々が、有効な援助を得ることができずに最悪の結果に至るケースが多いものと見なければなりません。

それでは、どうしたらいいのでしょうか。教会には何ができるでしょうか。自殺予防対策に関わる人々が口をそろえて主張するのは、「悩んでいる人を孤立させるな」ということです。まさに「人が独りでいるのは良くない」（創世記2章18節）のです。ここに大きなヒントがあるでしょう。人と人とを結ぶ絆を日本の社会に回復すること、いわゆるコミュニティーの再生が急務であると誰もが考えています。そして私たちは、真のコミュニティーが十字架を仰ぐ聖餐卓の周りにこそ生み出されるものであることを知っています。解決の鍵は、確かにそこにあるはずです。

メンタルヘルスの国際比較（2003年までの最新年）

OECDFactbook 2009所収
データはWHOの世界メンタルヘルス調査
（2002~2005）より作成

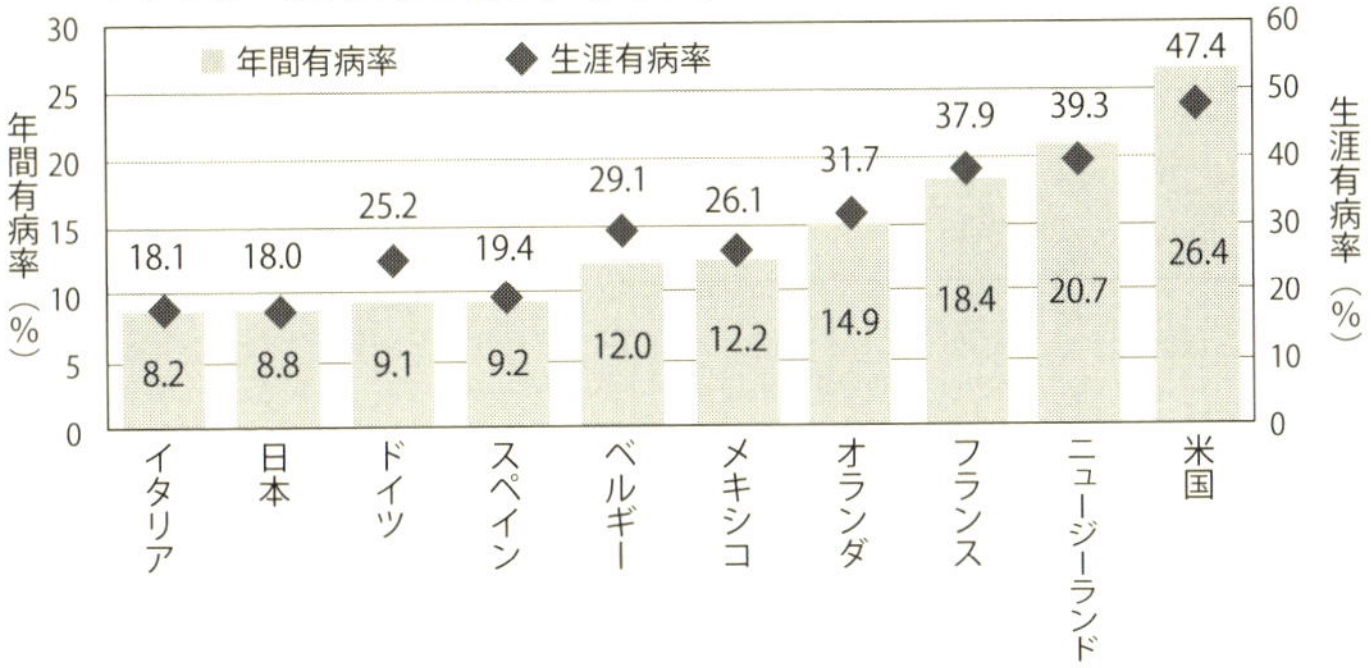

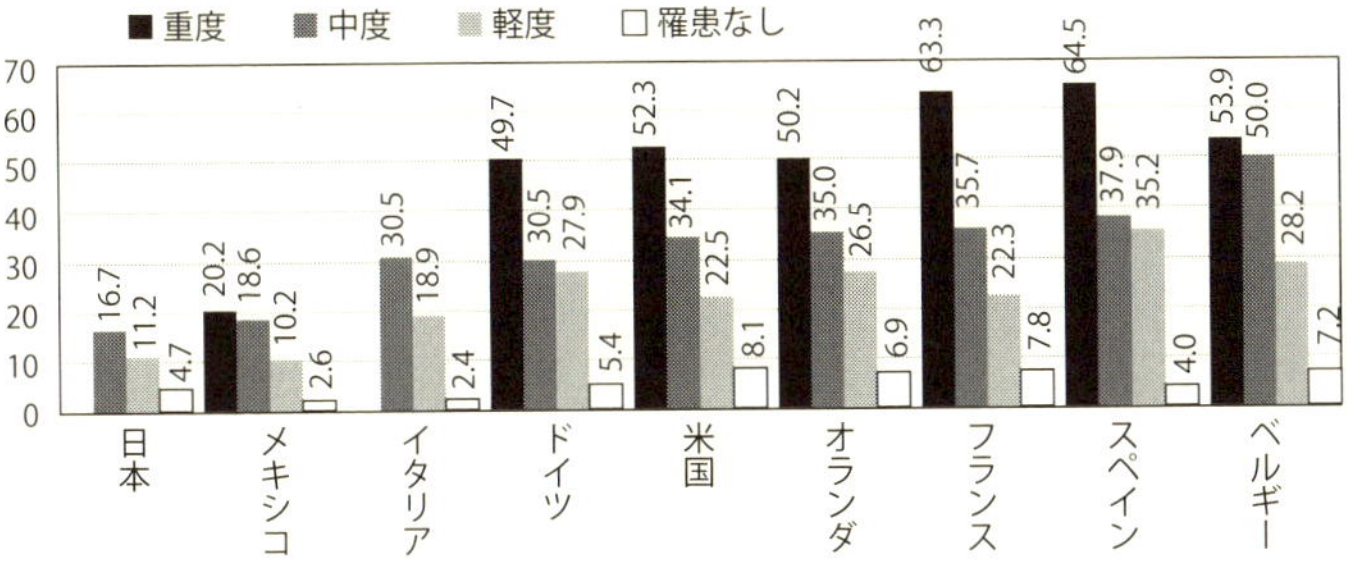

メンタルヘルス疾患では各国とも重症な患者ほど受診率が高くなっている。重症患者の受診率はデータのない国もあるが、中度の患者の受診率で各国を比較すると、日本は16.7％で最低である。日本の場合は、心の病気に関しては病院に行かない割合が非常に高い。

自死遺族支援の会の実際

鈴木愛子（すずき あいこ）
生と死を考える会、風の道 富山、こころの絆をはぐくむ会

桜は悲しみの花

私は三つの自死遺族支援の会の立ち上げにかかわり、現在に至っています。東京の「NPO生と死を考える会」（二〇〇五年八月から）、富山市の「風の道　富山」（二〇〇八年三月から）、静岡の「こころの絆をはぐくむ会」（二〇一〇年秋から）で、この道筋で信仰を得ました。

一七年前の四月、夫の棺《ひつぎ》とともに葬儀場へ向かう道筋には桜並木がありました。桜の下を歩く人群れをぼんやり見ながら、あの人はもういないのに、と悲しく心が張り裂けそうでした。

あの日から私たちにとって、桜は悲しみの花となりました。

　五十歳の夫は法曹の仕事を愛し、家族を愛する人でした。中枢神経の難病を患っていることがわかり、その四〇日後に自ら逝《い》ってしまいました。彼の「生きるよすが」たりえなかったという無力感、「私ではお父さんをこの世に引き留めることができなかったの？」という子どもの問いはあまりに切ないものでした。さらに愛する人を支え切れなかった自分を責め続けました。周囲からの心ない詮索や好奇の目にも深く傷つきました。

　国立西洋美術館に「罠《わな》にかかった狐《きつね》」という絵があります。雪原に一匹の狐が足を罠にとられ、身をよじり天を仰ぐ目

ギュスターヴ・クールベ「罠にかかった狐」(1860)

は悲しげです。巣に残した幼い子らを思う母狐でしょうか。手負いのこの野生動物が自分の姿に重なりました。夫の価値観と規範の中でしか暮らしたことがなかった私にとって、十五歳と十七歳の娘を抱え、彼のいない日々の心細さにふるえました。

御手に導かれて

夫の死から半年ほどたったころ、クリスチャンの兄嫁が送ってくれた「ある晩、一人の男が夢を見た……」で始まる「足跡」という詩の一節が心に沁みました。

〝During your times of trial and suffering, when you see one set of foot prints, it was then that I carried you.〟（あなたの試練と苦しみのときに、ひとりの足跡しか残されていないのは、そのときはわたしがあなたを背負って歩いていたのだ）。

カトリック富山教会の前に聖フランシスコの像があります。その傍らに「誰でも重荷を負うて苦労している者は私のもとに来なさい。休ませてあげよう」と刻まれています。周りから「頑張って」「あなたがしっかりしなければ」と励まされ続けていた私にとってこの御言葉のやさしさに涙が流れました。神さまとの出会いでした。そして、お声をかけてくださった神父様のもとでキリスト教要理の勉強を始めました。

それにしても、夫の死はあまりに大きく心をえぐるものでした。教会の皆様からの静かないたわりに感謝しながらも、受洗の後も心は深い悲しみに包まれていました。今から思えば、最もつらい時期でした。

一九九六年三月、上智大学で「突然死のセミナー」が開かれました。阪神淡路大震災と地下鉄サリン事件の翌年でした。それがきっかけとなり、日本に初めて「死生学」という新しい概念を定着させたアルフォンス・デーケン神父様が主宰しておられた「生と死を考える会」の分かち合いに通うようになりました。

その会に出席するには、富山から列車を乗り継ぎ四時間かかりましたが、節度ある共感とたしなみのある傾聴の中での分かち合いを重ねるうちに、心の中をひと筋の風が通り抜けるような感覚を味わいました。悲しみを怖がることなく、悲しむことができるようになったのです。

分かち合いに思うこと

しかし、死別の悲嘆を語り合うそうした場であっても、やはり自殺は語るに憚《はばか》られる死でした。対象を自死遺族に限定した分かち合いが作れないかと、祈りにも似た思いで仲間に相談しました。「求めよ、さらば与えられん」――「NPO生と死を考える会」の中に自死遺族の会ができました。

雪国はその閉鎖性からか、自ら命を絶つ人の割合が高く、私の住んでいた富山も例外ではありません。富山県こころの健康センターの臨床心理士の方から自死遺族のための分かち合いができないかとお声がかかりました。

「自死遺族の会」の呼びかけはミッションのように感じましたが、ためらいました。狭い地域社会の中で偏見に苦しんできた私は、子どもたちへの影響などを慮《おもんぱか》り、なかなか踏み出せなかったのです。

そこで以前関わりのあった、ある雑誌の編集者の方がつけてくださった「鈴木愛子」の名前で会を立ち上げることにしました。閉ざされた心に一筋のやさしい風が通ってほしいという願いから、この会は「風の道　富山」と名付けられました。

その後、三年前になりますが、住まいを静岡に移しました。十七歳のお嬢さんを自死で亡くされたお母さんと一緒に静岡でも自死遺族の分かち合いの立ち上げにかかわりました。

このような活動で最もネックとなるのは会場です。ところが思いもかけず、いずれも会場は篤志家のお申し出により無償でお借りしています。難しい局面になると、不思議な巡り合わせで、どなたかが助け舟を出してくださるのです。困難なときは、無力な私たちにイエスさまが御手を添えてくださっているように思えてなりませんでした。

これまでたくさんの自死遺族と語り合ってきました。時には、遺品の整理のことなど生活に即した情報を分かち合ったり、場合によっては、社会福祉事務所などの行政機関や医療や法律の専門職へつないだりすることもあります。

教会をネットワークの基地に

悲しみは普遍的なものです。会への参加の条件は「大切な人を自死で喪《うしな》った人」というだけです。宗教も信条も一切問いません。「死に方」によって「死」が差別されるのは悲しいことです。差別の視線によって、残された者の悼む心に社会が塩を塗りこむようなことは慎まなければなりません。しかし、多くの遺族は偏見を恐れ、沈黙のうちに自死を憚りながら生きているのが現実です。

さらに多くの遺族は経済問題など現実的な面でも問題を抱えています。行政、医療、宗教、研究分野そして民間も含め、それぞれの枠を超えたネットワークの支援が必要と考えます。ネットは広く厚く張られてほしい。教会はそんな豊かなネットワークの基地となりうるのではないでしょうか。

自死遺族が求めていること

「どしゃ降りの雨の中に一人立っている気分。傍らを通る人に傘をさしかけてほしいんじゃない。一緒に濡れてほしいだけ」。これはある遺族の言葉です。誰かの傍らで雨に濡れるのは勇気のいることです。けれども当事者であれ支援者であれ、スタッフに求められるのは、雨の中でもしばし一緒にたたずむ「惻隠《そくいん》の情」と「謙遜な心」ではないでしょうか。

そんな「悲苦《ひく》」が語られる分かち合いには、いつも通奏低音のように悲しみが流れています。人知を超えた不条理や深い悲しみにある参加者に、言葉もなく立ちすくむこともあります。分かち合いはお説教の場でもなければ、教え諭す場でもない、と考えています。ただ、家路につく悲しみの背に向かって頭《こうべ》を垂れ祈るばかりです。神さまにお委ねしなければ私は何もできません。

私たち一人ひとりは弱い存在です。けれどもささやかなひと吹きも、集まれば風となり、葦のひと群れを揺らし、さらに大きな木を揺らすことができるかもしれません。こんな悲しみは私たちで終わりにしたいと願いながら、イエスさまの御手を離すことなく、支え、支えられ続けていきたいと思います。

自殺統計について思うこと

下記データ提供の執筆者、鈴木愛子氏より

このグラフは、これまで私が出会った数千人の自死遺族からお聞きしてきたお話を、私なりにこつこつとまとめたものです。

「遺族の聴き取り調査」などから自殺防止対策を内閣府に提言している民間団体のデータと、分かち合いの現場で私が「直感的に感じている遺族の実態」とは、少なからぬ「ずれ」があるように思われます。

もし、政府の自殺の施策が「自死の実態に即さない」データに基づいてなされているとしたら、この国の自死が減ることはありえません。

私自身の体験を踏まえ、自死で逝ってしまった人たち、そして残された人々の実態を遺族ケアの現場から見極めてみたいと思っています。

〈参加者の死別対象〉

大切な人を喪う悲しみ

～約半数がお子さんを亡くされたお母さん、お父さんです～

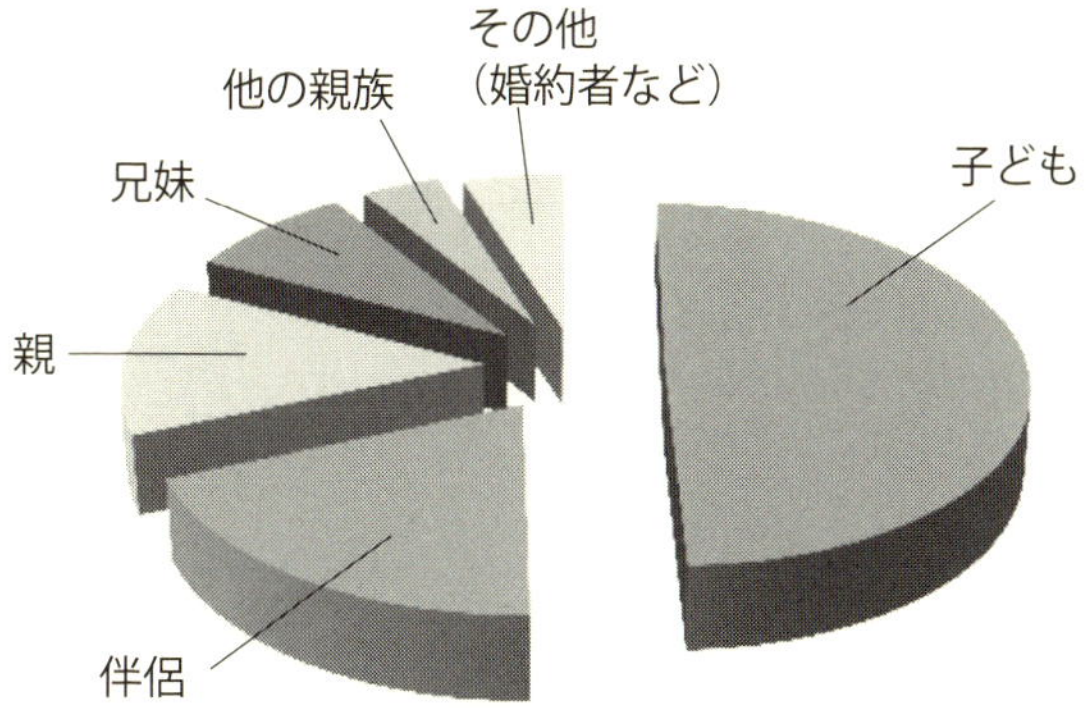

教会は心傷ついた人々への絆の確立を

関田寛雄（せきた ひろお）
日本基督教団神奈川教区巡回教師

若い信徒たちの自死

牧師としてまた教師として生きてきた私のこれまでの歩みの中で、何人の友と自死という形で別れてきたでしょうか。そのほとんどはキリスト者です。しかし、思い出すだに胸痛む物語が一人ひとりにまつわっているのです。

Aさんはあるミッションスクールの出身でしたが、アルバイト先でT大学医学部の学生と出会い、交際が深まりました。卒業後は結婚という約束を聞いて、彼女の両親は喜んで田畑の一部を売って結婚資金にしました。しかし、そのころからその彼の態度が変わり始め、ある夜彼のアパートを訪ねると、あられもない姿の女性がいたのです。結局Aさんはその男性の何人かの女性のひとりにしか過ぎなかったのでした。男性に裏切られ、親には負担をかけた苦しみの中で彼女は自死しました。駆けつけた私に親が示した彼女の男性への遺書には「あなたの心がほしかった」とだけ記されていました。これは自死ではなく男性に殺されたのではないでしょうか。

B君は点訳研究部の部長でした。目が見えないとはどういうことかを自ら体験するべく目隠しをして商店街を歩き、点字ブロックの上に置かれた自転車にぶつかって、足に包帯をして大学に現れたこともありました。

ある女子学生との交際が深まり、卒業後就職が決まったら結婚しようという話になり双方の親も了解しました。しかし、幼児教育に関心のあった彼は幼稚園教師の就職に失敗してしまいました。そして、卒業後間もなく自死したのです。新聞には「就職の失敗が原因だ」と出ましたが、その背景にさらに深い事情があったのです。

彼は広島の出身で両親は被爆者でした。彼が被爆二世であることが明らかになったとき、彼女の親はその結婚に断固反対し始めました。彼女は無論、親への説得を尽くしましたが最後には親の意見に従ってしまったのです。これは自死でしょうか。被爆者への差別の中で殺されたのではないでしょうか。

C君は東北のある大学の博士課程のとき、うつ病を発症しました。失恋がきっかけでしたがその根は深く、中学時代に受けた彼の容貌についての兄の批判が傷になっていたのです。入退院を繰り返す中で、定期訪問を続ける私との交わりは深まりました。

哲学専攻の彼は夜明けを待ちかねて電話してきます。「カントの根本悪とキリスト教の原罪との関係は？」とは、まだ頭が眠っている私には空転する問いでしかありません。なかなか教会までは来られない彼を、ある年のクリスマス礼拝に誘うと、「でも教会に行けば笑わなければならないでしょう。僕はまだ笑えないのです」と彼は答えました。そこで、ある喫茶店の静かな空間で二人だけのクリスマスを守ったことがあります。やがて教会にも来始め、青年たち、特に知的障がいをもつ青年と親しくなっていきました。

そのころ、社会復帰を目指す人々のための中間施設の喫茶店に関わり始め、週四日の働きは彼の生活意欲を高めてくれました。「いつくしみ深き友なるイエスは」を歌いつつ自転車のペダルを踏む姿は「健常者」と変わりないように見えました。

しかし、自転車のサドルによる股ずれが悪化し膿《うみ》を出すに至ったので、父親に入院治療を願い出たらしいのです。何が起こったのかわかりません。その直後彼は家を出て、夜、警察から彼のマンションからの転落死が家族に告げられました。彼の兄はT大を出て米国に留学し幸せな家庭を持つ外資系銀行の部長であり、正月の兄の家族の来訪のたびに、彼は疎外感をおぼえつつ教会に泊まり続けていたのでした。

自死は社会的疎外から

第二次世界大戦後、私たちは深い悲しみと反省を経て、平和と民主の憲法と共に貧しさに耐えつつ希望をもって新しい歩みを始めましたが、朝鮮戦争、ベトナム戦争の中で「漁夫の利」を占めたわが国の指導者たちは急速な経済発展と電子文明の進展を促し、日本社会の機能化を徹底させてきました。そのため労働力としての人間は余剰となり、高校や大学を出ても非正規雇用にしか恵まれず、社会的疎外感は庶民の中に深まるばかりです。その行きづまりが二〇一一年の「三・一一」に始まる原発事故によって象徴的に示されているのではないでしょうか。日本のみならず世界の文化・文明そのものが問われているのです。

ひとりの人間の自死の背後には必ずこの社会の仕組みと価値観が深く関わっているのです。厳しい競争社会の中で適者生存があらためて主張され、苦しい疎外経験の中で「脱落」させられていく人々には「自己責任」という冷たい言葉が投げつけられています。今まさに病んでいるこの社会の実態に目を向けることなく「自己責任」と言う者には、社会的責任感が欠如していると言うほかありません。

家族における疎外、学校、職場、そして教会においてさえある疎外に気づくことから、人間性にあふれる文化・文明の再生への新しい歩みが始まるのではないでしょうか。私たちこの現代社会に生きている者には自死者に対する負い目があるのではないでしょうか。自死者の弱さが理由ではなく、私たちの冷たさが理由なのではないでしょうか。

「神の家族」としての絆を求めて

自死者に最も近く寄り添っておられるのは十字架のキリストです。誰が自死者を非難し罪人視しようとも、十字架のキリストこそは、「子よ、わが愛におれ」と助けの手をのばしてくださっているのです。

自死者の葬儀を拒否する教会があると聞きましたが、十字架に苦しみたもうた主を仰ぐ教会ならば、無条件に思いを尽くして自死者の葬儀を執り行うべきでしょう。そして、自死者の遺族に対しては自死者の生涯もまた神の憐れみと主の救いの中に包まれていることを、確かさをもって語り、残された人々の希望を告げるべきでありましょう。そこまで苦しんで自死せざるを得なかった人を、十字架に苦しみたもうたキリストが見捨てられるわけがありません。

そうであればこそ、キリスト教会は自死の可能性をもつ、心傷ついた人々への「絆」を確立しなければなりません。個人的、家族的、社会的に疎外状況にある人々との交わりを、「神の家族」としての教会こそが具体化しなければなりません。

前述のC君は「何も公にはしないでほしい」という、信徒ではないご家族の意向があり、自死という言葉は教会でも一切語られませんでしたが、皆わかっていました。家族の中で疎外感をおぼえていたC君を、私たちは「教会の家族」として、手厚い追悼の集いで見送りました。決して自死を美化することはできません。しかし「陰府《よみ》」にまでくだりたもうたキリストの死者への愛の中に、自死者もまた包まれていることを否定することはできません。さらに言えば「自己責任」が取れるような社会へと変革していくことにより自死者を少なくする努力もまた、キリスト教会の大切なミニストリーの一つであることを覚えておきましょう。

ひとりの「傷ついた心に寄り添う教会」は、必ずやこの社会構造の変革にまで責任を負うべきではないでしょうか。「御国を来らせたまえ」と祈る教会は、御心《みこころ》を地にもなさせたもう神の御計画に参与させていただいているからこそ、ひとりの「傷ついた心に寄り添う」のではないでしょうか。

平成21年度における年齢階級別（5歳階級）の主な死因の構成割合

資料：厚生労働省「人口動態統計」より内閣府作成

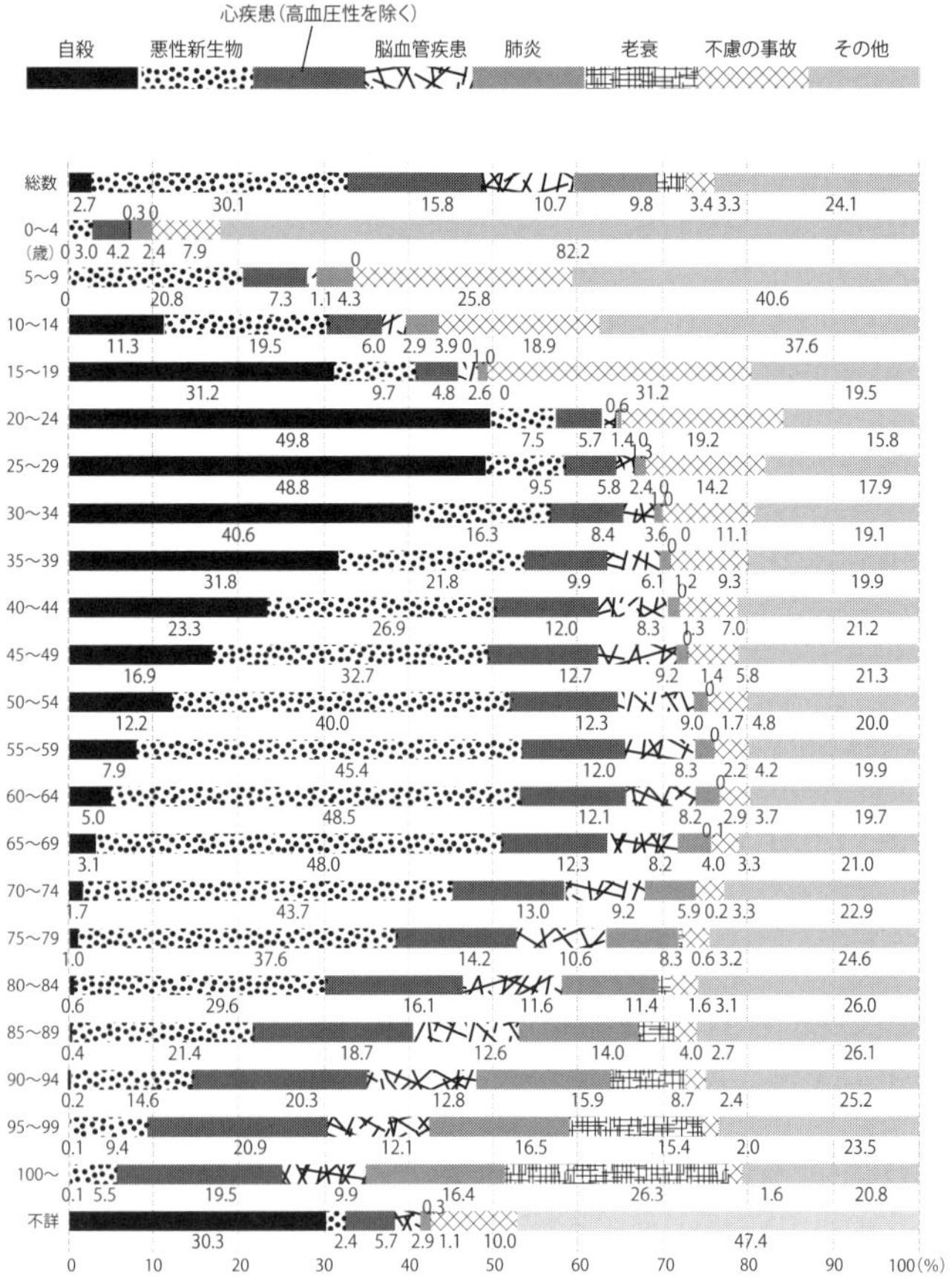

主な死因の構成割合において自殺の占める割合は、女性が1.6%、男性が3.6%、全体で2.7%。年齢階級別にみると、15〜39歳の5階級では、「自殺」が死因順位の一位になっていて、特に20〜24歳の階級では49.8%と5割近くにのぼる。

社会への問題提起と身近で地道な支援を

斎藤友紀雄（さいとう ゆきお）
日本自殺予防学会理事長、日本基督教団隠退教師

当シリーズの半年を振り返って

シリーズ「自死を考える」が始まって半年たちました。そこでこの問題を振り返って、僭越《せんえつ》ですが、中間的なまとめをしてみたいと思います。

まず飯塚道夫さんから、お嬢さんを自死で亡くしたという悲しい報告がありました。父・道夫さんの手記を拝読して、若くさわやかなお嬢さんがすばらしく伝道的で、ひたすら奉仕に生きてきたことに驚きを覚えました。でも純粋で、信仰的なご家庭そのものが、心身ともに体調

がすぐれないお嬢さんには、ある意味で無理であったのではとも考えました。

その手記と並行して精神科医の平山正実先生からコメントをいただきましたが（31ページ）、筆者はふたたび驚きました。「心身の病と、神さまの聖霊が働く〝場〟である人格の部分とは別の次元であり、病によって人格が練り清められ生長することもある」と。

精神科医である平山先生のほうがより深く霊的な次元で理解しています。これに対して牧師である筆者のほうが表面的、診断的であったと恥じています。人の死はその病理が問われますが、彼女については神と共に歩んだあのエノクのように、「神が取られた」としか言えません。

また、精神科医の石丸昌彦先生も「信仰が不足しているから、うつ病になる」とか、「精神科医に頼らず、祈って治せ」という考えは間違いだと指摘します。自殺を思いめぐらすこと（希死念慮）はこころの病なので、治療の必要があり、その人の責任でも罪でもなく、責めてはいけないとしたコメントも貴重です。

飯塚氏と石丸氏の記事を読んだ方で、ご家族を自死で亡くされた数人の読者の方から、教会や家庭の中でもよく受けとめてもらえず、傷ついたという経験談が編集部に寄せられました。しかし平山、石丸両先生の文章を読んで慰められたとも記してありました。

続いて書いてくださったのは、自死遺族であるとともに、支援グループを立ち上げ、リーダーをしている鈴木愛子さんです。これを読むと〝死に方によって差別されている当事者〟の方々の疎外された深い悲しみが伝わってきます。

さらに関田寛雄先生は神学者・牧会者として、「自死の背後には、この社会の仕組みと価値観が深く関わっている」と問題提起をしています。教会は傷ついたこころに寄り添う責任があるとしますが、現実は寄り添うどころか、教会によっては葬儀すら拒否し、偏見を助長しています。

社会に組み込まれている自死

自殺統計を分析すると、自殺の背因としては八割以上がうつ病などの精神疾患です。したがって自殺防止対策の基本はうつ病対策であることは誰も否定しません。

ただ抵抗があるのは、「お父さん、眠れてる?」と題する国のポスターです。うつ病が疑われる父親を娘が横目で見て、声をかけている図柄が人目を引きます。はじめ静岡県が作成したのですが、全国的に掲示されています。

眠れていないのはうつ病の疑いがあり、治療しましょうという趣旨ですが、これはあまりにも行政的、診断的だと思います。むしろあのポスターは「お父さん疲れてない？　過重労働を避けてね！」とでもすべきではないでしょうか。

日本の社会ではうつ病と判明すれば職を失うことが大半です。さらに過労死・過労自殺をめぐっては、大企業の城下町では、過労の実態があるにもかかわらず、労働基準監督署さえ過労原因だとする認定を出し渋っている実態があります。

つまり関田先生が指摘したように、自殺は日本の社会構造の中に組み込まれている部分があるのです。この流れに抗するために、二〇一二年六月に「過労死防止基本法」制定を願う有志三百人が国会に参集、筆者も参加しました。

私たちは地域や個別の持ち場で、きめ細かい自殺予防や自死遺族支援に取り組むとともに、自殺を生み出す国や日本社会のあり方に絶えず発言していきたいものです。

体験の分かち合いの実際

二〇〇六年には、国の自殺対策基本法が成立したのですが、第一条で、自殺の防止を図ることに加え、自死遺族支援が総合的な取り組みの一つとして明記されたことは画期的なことでした。

自死遺族支援の概要について、鈴木愛子さんの丁寧な紹介がありましたが、グリーフ・ケアの内容的展開について読者の質問がありましたので少し紹介してみましょう。

筆者もいくつかの自死遺族支援グループを企画し、これに参加して遺族たちの体験に接する機会がありました。愛する家族との死別経験は、悲しくつらい経験ですが、自死による死別ほど悲痛なものはありません。この種のグループは一〇名前後が望ましく、たいていは円座になり、全員が顔を向き合わせます。

感極まって泣きだす方も多いので、随所にティッシュ箱を置いたりします。また毎回新しい参加者を予想し、そのつど、次のような基本的な約束事を丁寧に話します。

①メモを取らないこと、②ここで話されることは参加者同士で話しあってよいが、外部では守秘義務があること、③話せないときはパスしてもよい、④喪失経験はみな違うので、どちらがつらいという比較をしない、⑤ほかの人のさまざまな思いを

内閣府自殺対策推進ホームページ　睡眠キャンペーン
URL: http://www8.cao.go.jp/jisatsutaisaku/suimin/about.html

聴いて、それが自分に内在する場合はそのことに気づく、⑥人の話を途中でさえぎらないで最後まで聴く、などです。

自死遺族の悲嘆と癒やし

自死による死別後まだ数カ月の人から、幼いころ母が自死し、ちょうど自分が母と同じ年齢になった節目の年である自死後二〇年経って参加した女性もいました。どの遺族からも直後の衝撃、麻痺、自責、怒り、絶望、抑うつ、そして故人への思慕に至るまで、痛切な経験と共にあらゆる悲嘆反応とプロセスがリアルに語られました。

つらくてもその体験を語ることができ、はじめて同じ体験をした仲間たちと出会い、お互いのつらく悲しい経験を分かち合えたときに、彼らのなかに感動が生まれました。今まで隠そうとしてきた内向きの姿勢から、前向きの人生に目覚めたのでしょうか。語る者はもちろん、聴く者にも涙が流れ、まだ絶望感もありましたが、そこには不思議な安堵感もありました。

毎回最後には故人を偲び黙祷しましたが、そこには悲しみだけでなく安心がありました。こうした分かち合いによって、表情まで変化していく人もいました。そこには自立と新しい出発があり、それはまさに癒やしの場でした。

こうした自死遺族支援グループをネットで調べてみると、全国組織としては前述の平山先生が創設したグリーフケア・サポートプラザと全国自死遺族総合支援センターの二つがあります。実施場所は大半が保健所か精神福祉センターです。教会やお寺が会場の場合もありますが、布教をしないことが前提で、誰でも参加できます。

これらの集まりでは、かなり激しい攻撃的な怒りや悲嘆が表明されることもあります。専門職でなくても、そうした状況を調整できる、優れた能力を持つファシリテーター役が不可欠ですが、資格や資質についての評価、認定はこれからの課題のようです。また、参加条件を自死遺族だけと限定したグループもあります。グループになじめない人は個別のカウンセリングが適切でしょう。

うつで仕事を休業するとした場合の支障（有職者）

資料：内閣府「自殺対策に関する意識調査」（平成20年２月）　　（該当者数＝1,156人、回答率（複数）153.6%）

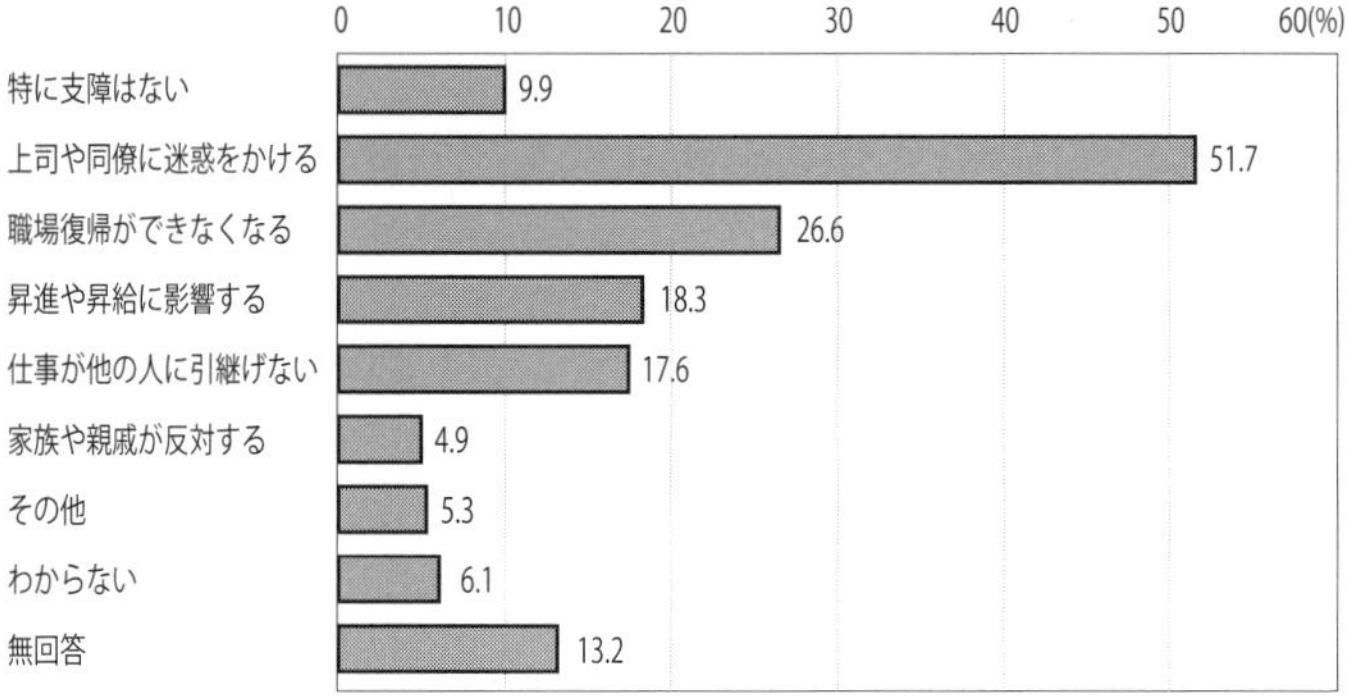

自死遺族権利宣言

米国の自殺学会は 2003 年に「自死遺族権利宣言」をネットで公表しました。その概略を意訳にて紹介します。

①罪責感から自由である権利

②自殺の責任を否定する権利

③自分の感情を表現する権利

④官憲・家族から事実について説明を受ける権利

⑤希望・平和・尊厳を維持する権利

⑥自殺を理由に批判されない権利

⑦カウンセリングや支援グループの援助を受ける権利

⑧新しい出発と生きる権利、など

Jackson, Jeffery: The SOS Handbook for Survivors of Suicide, American Association of Suicidology, 2003

カトリック教会の取り組み——孤独からつながりへ

幸田和生（こうだ かずお）
カトリック東京大司教区補佐司教、カリタスジャパン担当司教

自殺に対する考えを反省

カトリック信者の自殺問題への取り組みは、日本各地での「いのちの電話」の活動への参加というかたちでずっと以前から行われていました。

また、二〇〇一年に日本カトリック司教団が発表した『いのちへのまなざし——二十一世紀への司教団メッセージ』（カトリック中央協議会刊行）の中で、この自殺の問題についてかなりのページ数が割かれています。その中では、これまでカトリック教会が自殺を罪として断罪

し、自殺者やその遺族に対して冷たい態度を取ってきたことを反省し、自殺者とその遺族に温かく接し、葬儀や祈りを積極的に行うということが書かれています。

しかしその後も、普段の教会の中で自殺の問題について語られることはほとんどなく、自死について触れることがタブーのような雰囲気も続いていていました。

日本カトリック司教協議会の一部門であるカリタスジャパンの啓発部会（旧・社会福祉活動推進部会）がこの問題を取り上げるようになったのはほんの数年前のことです。この部会で二〇〇七年から、現代の人間の直面する切実な問題を一緒に考える中で、「自死と孤立」というテーマに取り組むことが決まったのです。

まず、日本の自殺の実態を知ろうということになり、二〇〇八年十一月、ＮＰＯ法人自殺対策支援センター・ライフリンクの清水康之氏を招いて勉強会を開催しました。ライフリンクが中心になって作られた『自殺実態白書』（二〇〇八年）は日本の自殺の実態をこれまで以上に明らかにしてくれていて、この勉強会から多くのことを学ぶことができました。

日本の自殺者は一九九八年三月から急に増え、その年以降、年間三万人を超え、それがずっと続いている、ということ。この一九九八年三月は、バブル経済がはじけ、大きな証券会社など金融機関が次々と経営破綻した一九九七年度の年度末だったこと。つまり、日本の自殺者増加の理由の中には経済的問題が大きいことなどが指摘されていました。そして、この勉強会を行った二〇〇八年はいわゆる「リーマンショック」の年であり、清水氏は今後いっそう自殺者が増加するのではないかという懸念を強く示されました。

この年の年末から二〇〇九年初めにかけて、日比谷公園での「年越し派遣村」の様子がテレビなどで連日のように報道されていました。大量の「派遣切り」によって、仕事も住居も同時に失った多くの人の存在が一般にも知られるようになりました。

二〇〇九年一月、日本カトリック司教協議会の社会司教委員会は、路上死や自死が増えるのをなんとか食い止めるために行動しようと呼びかける「いのちを守る緊急アピール」を発表しました。同時にカリタスジャパンは「いのちを守る緊急募金」を呼びかけ、大きな反響がありました。この募金は教会内外で野宿者支援や自殺予防に取り組んでいる草の根的な活動を支援するために使われました。

自死についての意識調査の実施

その後、全国のカトリック教会でのアンケート調査などを通じて、自死の問題は教会外の社会問題ではなく、自分たちの身近な問題であることが痛切に感じられるようになりました。

カトリック教会が自殺を大きな罪としてきたのは、自殺しようとする人をなんとか思いとどまらせたいという願いの表れでした。もちろんその効果がなかったとは言えません。しかし現代では、その教えが、苦しみの中にいる当事者や自死遺族をさらに追い詰めるだけになってしまうという面も見えてきました。

カトリック教会法（一九八三年）や教皇庁から出された『カトリック教会のカテキズム』（一九九二年）の表現も変わってきています。

これらのことを踏まえ、今の時代にカトリック教会として、キリスト信者として、自死の問題をどう考え、どのように自死の問題に向き合っていったらよいか、考える材料として啓発部会から出されたのが、『自死の現実を見つめて――教会が生きる支えになるために』（二〇一〇年）という小冊子です。

この小冊子を契機に日本各地のカトリック教会で自死についての勉強会や体験の分かち合いが行われるようになりました。このような集まりを通じて、これまでのタブーを少しずつ乗り

越えようとしています。「教会の中で初めて自分の体験を話すことができ、それだけで救われました」という方に何人もお会いすることができました。

イエスと出会った人々とは

二〇一一年三月十一日、東日本大震災が起こりました。地震・津波の被害に加えて、福島第一原発の事故による大量の放射能漏れが、福島の人々の生活に深刻な影響を与えています。警戒区域から避難を余儀なくされている人々は、仮設住宅やみなし仮設住宅などに住んでいますが、そこで教会関係のグループも訪問・傾聴の活動を行うようになってきています。あるグループが関わっている福島市郊外の仮設住宅では、昨年秋に自治会ができ、自治会の役員が毎朝必ず、一人暮らしの人に声をかけるようにしていると聞きました。「一人の孤独死も自殺者も出さないように」というのが彼らの合言葉です。しかし、別の仮設住宅では自死者が出ているという話も聞きました。住んでいた家を奪われ、仕事もなく、未来の展望もなく、近所の付き合いもない人が、最悪の結果として自死にまで追いつめられてしまうのです。

人はさまざまな理由で、自らいのちを絶つしかないところまで追い詰められる可能性があります。病苦、貧困、人間関係、いじめ、精神疾患、それぞれに適切な対策が必要です。しかし、キリスト者にできることを考えると、やはり「孤立からつながりへ」ということではないでしょうか。

福音書を読むと、そこには二千年前のガリラヤやユダヤで、孤立の状態に追い詰められていた多くの人々の姿があります。それは汚れた病人と言われて社会から排除されていた人、障がいは罪の結果だと決めつけられていた人、職業的に罪びとというレッテルを貼られていた人、一人ぽつんと他国の人々の中で生活している人、貧しさのどん底にいた人たちでした。イエスはその人々に出会い、その人々を神との新しいつながり、人との新しいつながりへと招き入れました。そこに確かに神の国が始まっていました。

「イエスは、『わたしの母、わたしの兄弟とはだれか』と答え、周りに座っている人々を見回して言われた。『見なさい。ここにわたしの母、わたしの兄弟がいる。神の御心を行う人こそ、わたしの兄弟、姉妹、また母なのだ』」（マルコによる福音書3章33～35節）

神の御心を行う人、それは道徳的に立派な人のことではありませんでした。孤立というどん底の中でイエスに出会い、その神の国のメッセージに一筋の光を見いだし、イエスのもとに集まって来た人々のことでした。

教会がそのような集いになることができるか、自死の問題を考えるとき、根本でわたしたちに問われているのはそのことだと思います。

質問：あなたは自死をどのように思いますか？

資料：「カトリック教会における自死についての意識調査」（2009年7月5～26日全国81教会、25修道女会、教区司祭から得た有効回答数3,453の集計より。カリタスジャパン啓発部会発行「自死の現実を見つめて」所収）

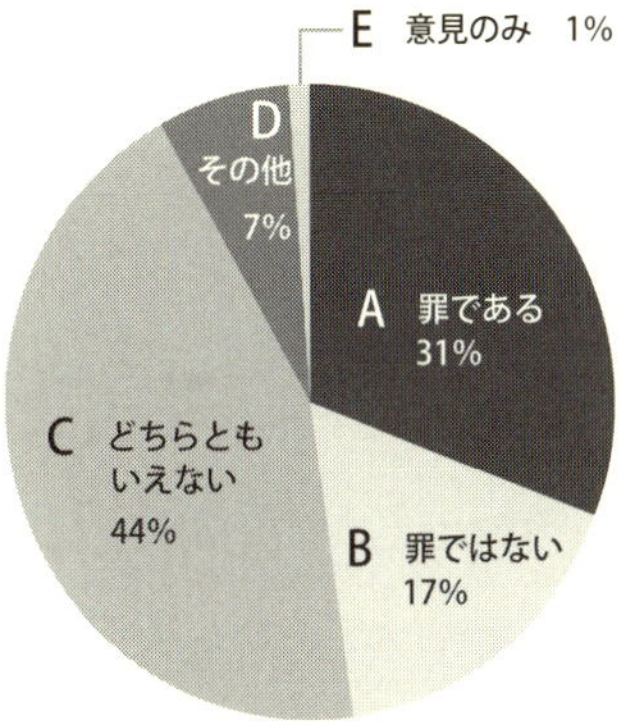

A の主な理由

- 与えられた命である（自分で終わりにしてはならない。生きる責任がある）
- 教会の教えに背く（十戒、教義、掟）
- 神の望むことではない
- 周囲の人を悲しませる

B の主な理由

- 心身が病み、正常に判断できる状態ではなく極限状態にあった
- 生きたくても生きられなかった（追い込まれ、悩み苦しんだ）
- 当事者だけの責任ではない
- 罪か否かは神のみが判断できる

年代別の回答比率

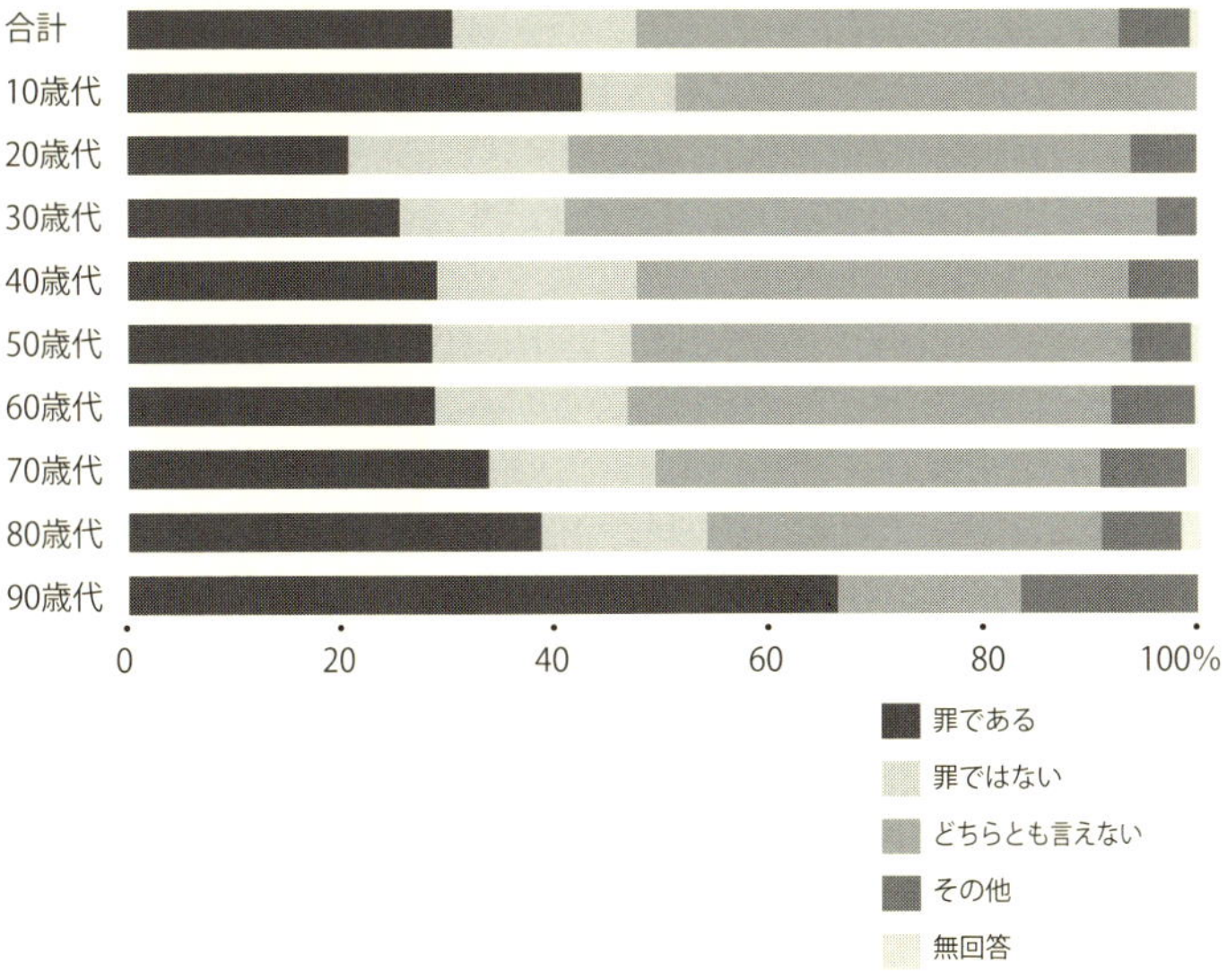

悲しみを受け入れる器としての教会へ

高橋克樹（たかはし かつき）
東京・日本基督教団豊島岡教会牧師、日本聖書神学校教員

毎日一〇〇人が自死する事実

年間三万人以上の自死者が出る現状を、教会はどのように受け止めているのでしょうか。一〇万人あたり二五人が自死しているのは、毎日一〇〇人弱の方が亡くなっている状況です。この数値だけではなかなか実感できませんが、これを三〇〇人乗りの航空機が一週間に二機ずつ墜落していると考えると、誰もが衝撃を受けるはずです。

このような表現をすることはとても気が引けますが、自死は周囲の人々の責任性を越えて突

然に、それも無慈悲に訪れるものです。しかも、遺された人は家族も友人・同僚も含めてみな一様に衝撃に見舞われ、死別による悲嘆と抑うつ、罪責感ゆえの自責の念、自分の一部が理不尽にもぎ取られたようなやり場のない怒り、羞恥心ゆえの孤独感に長期間取りつかれます。「どうして?」「なぜ?」という疑問に際限なく絡み取られ、説明のつかない自死の理由を解明することをいつも迫られているようなストレスの中に放り込まれます。

一方、自死はふつう他人の目には防ぐことができたことだと映るために、遺族は屈辱感や羞恥心によって悲しみにふたをして口をつぐむことになります。また、「元気を出して」「早く忘れなさい」という悪意のない言葉によって追い詰められていきます。だから、その苦しい胸の内を率直に社会や教会の中で表出することができないのです。もし教会で自死遺族に出会ったことがないとしたら、そこには悲しみを封印する力が働いていると想定する必要があります。

自死は故人が自分の自由意志で選択したものではありません。死ぬしかこの苦しみから逃れる解決策がないと心理的な視野狭窄《きょうさく》に追いやられた結果、本人はその絶望感に終止符を打つ最善の方法だと思い込んで偶発的に起きたことなのです。

しかし、いまだに自死を罪とみなす考えが教会にはあります。実は教会には多くの自死遺族が慰めを求めて来ていることに気づかず、牧師が「自殺は罪」と安易に発言したり、曖昧な態度を取ったりすることで傷つく例は多いのです。

かつて、哲学者であり政治思想の分野で活躍したハンナ・アーレントは、他人の身になり、他人の立場から世界を見る想像力の欠如がユダヤ人の大量虐殺を生じさせたと分析しました。完全に「悪意が欠如した状態」が人を傷つけるのです。

周囲への深刻な精神的ダメージ

一人の自死者によって深刻な精神的ダメージを受ける自死遺族らは配偶者や親兄弟、子ども、友人同僚など最低でも五人から一〇人はいると言われています。さらに緊急治療が必要な自死未遂者は自死者の一〇倍（WHOは二〇倍と推定）は存在しているので、自死・自死未遂で深刻な精神的ダメージを受ける人は年間一五〇万人から三〇〇万人に達すると推定されます。人口比でいえば、毎年八〇人に一人という割合になります。

さらには年間三〇万人以上の自死未遂者をはるかに超える膨大な数の人が、日常的に死ぬことを考えています。ただ、今のところは行動に移さずにいるだけなのです。ある調査によると、周囲に自死をした人がいる、という人が三人に一人はいるのです。

うつ病や統合失調症、パーソナリティー障害、喪失による悲嘆など、心の傷を何年も引きずることで自死の危険性が高まっている人が、主日礼拝で自分の隣に座っている！　そういう事態の中に今の教会は置かれていることを自覚することが、自死を防ぐ教会形成の出発点となります。

悲しみを物語ることから始まる

私が二十六歳のとき、同じ年の妻が自死をしました。今から三〇年前のことです。妻は高校生のころにうつ病を発症し、そのことが起点となってキリスト者になりました。その信仰を尊重して札幌北光教会で葬儀をしていただきました。私にとっては最初の礼拝体験が葬儀だったのです。

その後、私は主日礼拝に欠かさず出席するようになって一年半後に受洗しました。献身して牧師になっても、大きな感情のうねりに足をすくわれることなく妻の自死について語れるまでに一〇年以上の歳月が必要でした。大学院で死生学を学び始めたのは、死別の悲嘆からの回復を解明したいという思いからでした。

この学びの中で次第にわかってきたことは、人間は喪失の出来事を物語ることによって、混乱した自己像を再統合することができるということです。悲しみは聴いてもらうだけでなく、自ら物語っていくことで、その喪失の出来事に意味が与えられていくのです。大切な人を自死で失うことは苦しいことです。しかし、この苦しみを他者に物語ることで首尾一貫性をもった自己の物語が再び形成され、喪失の出来事の中にプラスの意味を発見できるようになります。そのためにはマイナス感情を安心して話し、互いに分かち合う場が教会の中に必要です。

教会の役割を考える

　ある教会で独り身の教会員が自死をしました。教会の誰にも相談せずに、牧師にもほのめかすことなく、自分が死んだあとの身辺整理をＮＰＯに委託して、福祉の方が手紙を受け取って家を訪ねると遺体が発見されるように手配していました。

　覚悟の自死と受け止められたため、遺された教会員の方々は大変なショックを受けました。最も身近な隣人を助けることができなかったと理解したからです。その教会の牧師は自死遺族と同じような苦しみに向き合っていました。ただ、これらの反応は健全なものです。悲しみを拒絶する今の日本社会で、教会が悲しみを受け取る器として機能したからです。

　その牧師から相談を受けたとき、自死の事実を無視する方向ではなく、一定期間経ったところで、教会報などでその方の追悼号をそれぞれの方が書くと心の整理が促されるのではと助言しました。自死された教会員に対する悲しみに向き合うことは、自分の未整理な悲しみや怒りにも向き合うことになります。これが教会において自死を防ぐ上では大切なことです。

自死のサインを見逃さないことは大切な基本です。でも、教会がそこに集う人の「悲しみの器」になることはさらに大切なことです。自分だけが味わっていたと思っていた感情を共有する人が教会にいるだけで意味があります。

これまで私は自分の信仰を語る際に、触れないわけにはいかない妻の自死を意識的に語ってきました。妻の自死を話し出すと、相手の方が一瞬ひるんだ様子を見せることがしばしばあります。自死に対しては二の句が継げないのです。それは自死に対する偏見も含めてその実像を知らないからです。知らないことに人は恐怖を感じます。だから、事故死や病死と同じような反応ができないのです。しかし、このことは自死遺族にもある意味で責任があります。自死がマイナスの事柄だけでなく、どんなプラスの意味をもたらしてくれたかを積極的に語ってこなかったからです。

たとえば、「自死は弱い人間がするもの」という社会の偏見に対して、孤立死を含めて自死を防ぐことができない弱肉強食の論理に福音を対置して語ることが求められています。また、「自死者は自分勝手に社会から逃亡した者」とみなされがちなことに対して、今の社会の矛盾を命をもって告発した預言者として解釈することもできます。人の悲しみに言葉を与える営みが教会には負託されているのではないでしょうか。

Q：自殺をしたいと思ったことはありますか？

資料：内閣府自殺対策推進室「自殺対策に関する意識調査」より
調査対象：全国20歳以上の3,000人（有効回答率60.3%）
調査時期：平成20年2月21日～3月9日

「今までに本気で自殺したいと思ったことがあるか」という設問の回答と，その設問で自殺したいと思ったことがある人に聞いた「最近１年以内に自殺したいと思ったことがあるか」の回答を組み合わせたもの

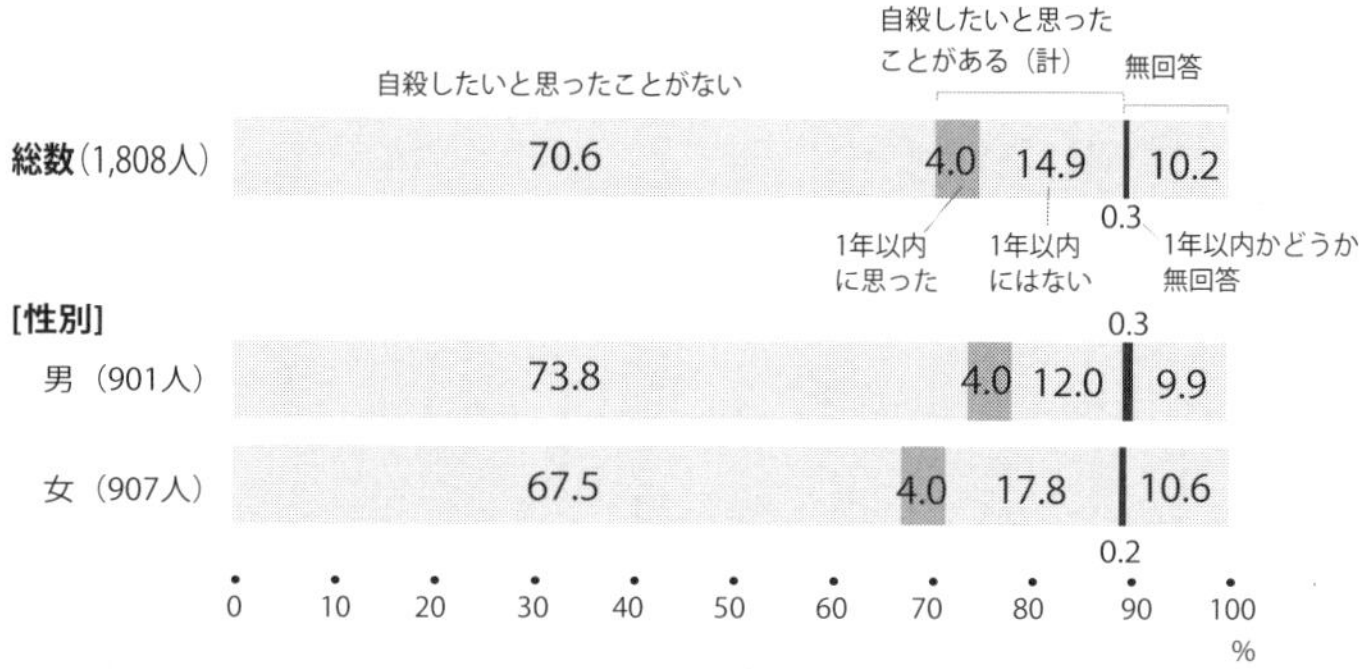

Q：周りに自殺をした人はいますか？

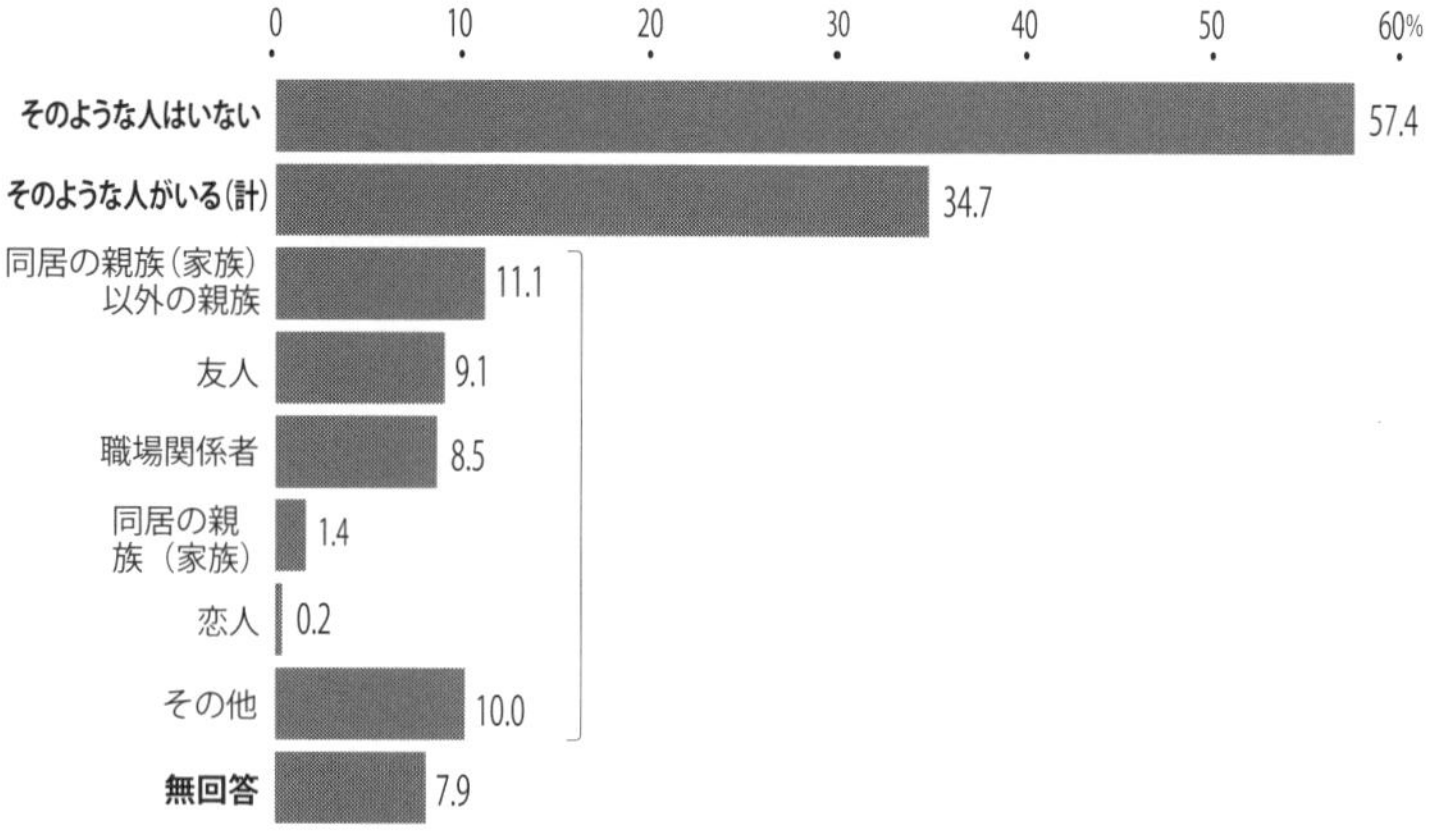

教会の宣教の働きのひとつ「ともに歩む会　永山教会自死遺族の集い」

大塚　忍（おおつか しのぶ）
日本基督教団岡山教会牧師（執筆時、東京・永山教会牧師）

孤立させてはいけない

二〇一〇年の冬の日曜日のことでした。主日礼拝を終え、ある会議に出席するために駅で電車を待っていました。電車がホームに近づいてきたときに、すさまじい警笛とブレーキ音が聞こえ、「ドスッ」という鈍い音が聞こえてきました。救急車の音が聞こえてきたときに、ようやく何が起こったのかを理解しました。

その出来事の三週間前、私は、曹洞宗の住職による「宗教者の挑戦と可能性——自殺ケアを中心に」と題された講演を聞く機会がありました。住職はこう語っておられました。現代は自分で納得し覚悟して死を選ぶ人は圧倒的に少なく、「できることなら生きていたい」と願いながらも、社会の中で迫ってくる「多重苦」によって存在が否定され、「否定」から「孤独」、さらに「孤立」へと陥っていく。「孤独」はさまざまな人々の関わりの中で乗り越えることができる。しかし、「孤立」は人とのつながりを持たず、そのことによって生きる意味を見いだせなくなってしまうことがある。だから人を孤立させてはならない、と。

私の中で、住職の言葉と駅で起こった出来事が交錯していました。翌日の地方紙には、小さな記事が掲載されていました。駅の近くに住む高齢の女性がホームからしゃがみ込むようにして線路に入っていったと。記事を読みながら、この方が誰かとつながっていれば守られたのではないか。この方とつながることも教会の使命だったのではないか、という思いを抱きました。

教会の役割を皆で考える

翌週の礼拝の説教で、この出来事について触れました。礼拝が終わるとNさんが近くまで来られ、「現在、市内で『全国自死遺族総合支援センター』が活動開始の準備をしています。自死によって残されたご遺族が悲しみ、苦しみの中におられること、この方々の存在を受け止めることも教会の使命なのでは」と言ってくださいました。この言葉がきっかけとなり、全国自死遺族総合支援センター代表の杉本脩子《なおこ》さん、Nさんと共にこの働きについて話し合う時をもちました。

その後、役員会に「教会の宣教の働きの一つ」として「ともに歩む会　永山教会自死遺族の集い」を立ち上げたいことを伝え、協議の後承認されました。また、Nさんと共に「全国自死遺族総合支援センター」主催の研修会などにも参加して準備を進め、杉本さんをお招きして同センターの働きについてお聞きする機会ももうけました。

永山教会は、これまでも地域の特別養護老人ホームでの奉仕、地域の大学との交流、地域の他教派の教会との交流などを大事にしながら、置かれている場所での宣教の働きを模索してきました。そうした経緯からこの働きについても、教会に集う方々は、この地域の教会の課題として受け止めてくださいました。

こうして、二〇一二年一月より「ともに歩む会」は永山教会の社会活動委員会が担当して始動しました。折しもその準備の最中に、私自身も「大切な人を自死で亡くす」という経験をしました。「自死」という出来事がどこか遠くのことではなく、自分自身の問題として迫ってきた時でもありました。

「ともに歩む会　永山教会自死遺族の集い」の案内には、以下の言葉を掲載しています。『と

もに歩む会　永山教会自死遺族の集い』は、大切な人を自死（自殺）で亡くした方が集い、ありのままの思いを語り合い、聞き合い、支え合う場です。永山教会は、イエスが人々の命や苦悩に寄り添って生きたように、今こそ自死という課題に向き合い、自死により大切な人を亡くした方々とともに歩んでいきたいと考えています。ご参加を心よりお待ちしています」。

布教活動はしない

私たちはこの活動を教会の宣教の働きのひとつと捉えながらも、直接的な伝道はしないことで内外のコンセンサスを得ています。そのため、案内には「教会の布教活動ではありません」。「予約は不要、匿名での参加もできます」とも記しています。

今日《こんにち》では、このような会はさまざまな場所で行われています。しかし、会が行われていることを知り、参加したいと考え、会場の前まで来ながらも会場に入らずに通り過ぎてしまう方がいます。また、宗教施設には入りにくいと思う方、あるいは家族の制約のために参加することを躊躇してしまう方もいます。そのための一助として、私たちの会場では託児も用意するなど、足を運ぼうとしている方ができる限り会場に入りやすい環境を整えてきました。

二〇一五年現在、「ともに歩む会」は、毎月第三土曜日・午前十時から正午まで行われています。

毎回の参加者は四、五名です。現在は「全国自死遺族総合支援センター」からファシリテーター（進行役）が参加してくださっています。はじめに会が大切にしていることを確認します。

一、自死で大切な人を亡くした方々が参加する場であり、報道関係者、研究者、支援活動に関心のある方の参加は原則としてお断りしているということ。
二、自分自身のことを話すということ。
三、他の参加者への批判、アドバイスは控えていただくということ。
四、会で語り合われたことは、外に持ち出さないということ。

これらのことを確認した後、簡単に自己紹介（匿名も可）を行い自由に語っていただいています。

外圧による痛みもある

これまで「自死は個人の選択」、「その人が望んだ死」という考え方がありました。しかし36ページで、精神科医の石丸昌彦先生は以下のように述べられていました。「自分でも避けたいと思いながら、いつのまにか『死』のことが頭から離れなくなり、考えまいとしても考えずにはいられなくなる、願望というよりも強迫観念に近いものです」と。

私自身も、大切な人を自死で失うという経験をしています。涙を流して悲しみたい、苦しい思いを聞いてほしい、という思いを抱きながらも、もう一つのことを考えていました。それは、突き刺さってくるであろう、差別や偏見から身を守るために、嘘をつくということでした。内側からわき出る悲しみ、苦しみの他に、外側からも大きな負担を強いられていることを感じていました。

私は、「ともに歩む会」の主催者であると同時に大切な人を自死によって亡くした者でもあります。この会に参加して他者に自身の苦しみを語ることによって、押さえ込むしかなかった感情を安心して解放することができるようになっています。

イエスを思い起こしながら歩む

イエスは「疲れた者、重荷を負う者は、だれでもわたしのもとに来なさい。休ませてあげよう」（マタイによる福音書11章28節）と語りかけてくださっています。また、十字架の後、途方に暮れエマオに向かう弟子たちに寄り添い耳を傾けられました（ルカによる福音書24章13節以下）。

大切な人を失った「痛み」は消え去ることはありません。しかし、私たちは、イエスの言葉とその振る舞いを思い起こしながら、大切な人を自死で亡くした方々の語りかけに聞き、悲しみ苦しみに寄り添いながら、それらの方々がもう一度、その人らしく歩んでいくことができるよう活動していきたいと考えています。

「読者からのお便り」で考える

娘を病の末に自死で亡くされた飯塚道夫さんの手記（25ページ）に対する感想が、無記名の手紙で編集部に届きました。病気の苦しみは計り知れないものがあり、自死を特別扱いするべきではないのではないか、というご意見でした。鈴木愛子さんも同じような訴えをしています（45ページの圏点（ヽ）部分）。その手紙には、死は寂しいものだけれど残された者の気持ちは神さまが一番よくわかってくださっている。だから、「神さま助けてください！」というその叫びを聞いてあげたい。死はさまざまな形があり、その中のひとつが自死なのだ、とありました。

自殺に関する意識調査

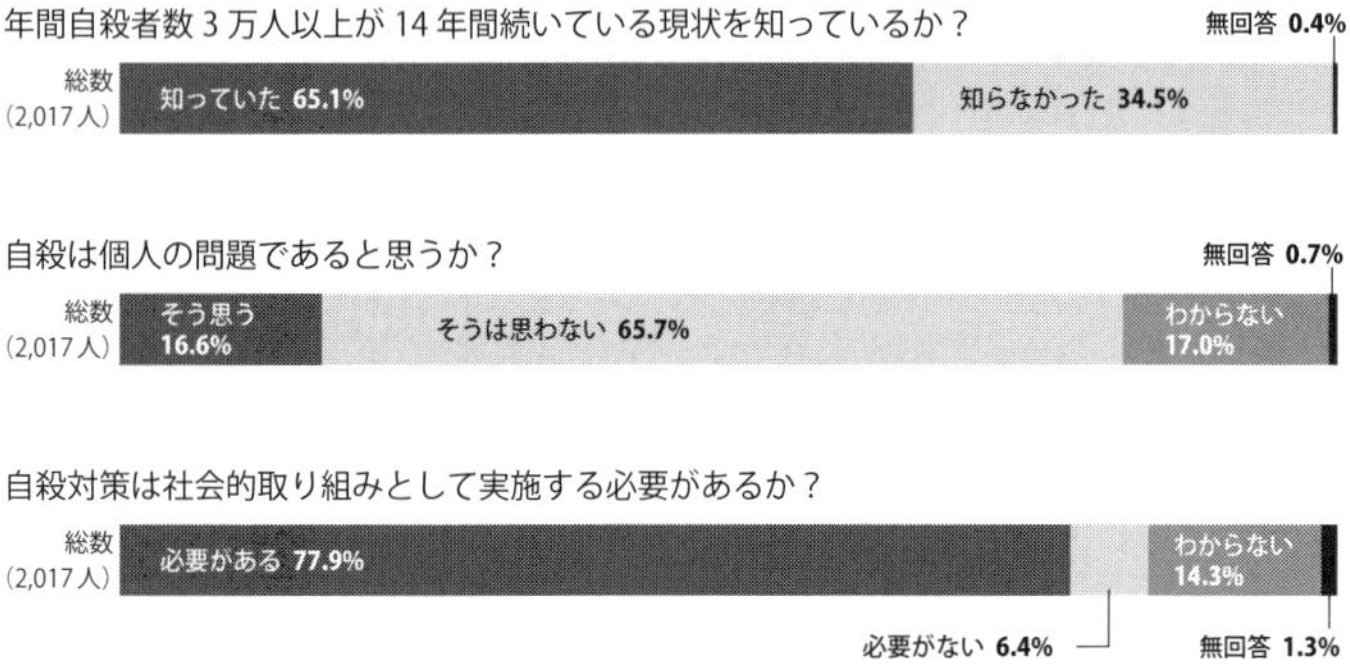

資料：内閣府「自殺対策に関する意識調査」（平成24年1月）

遺族支援４つの側面

すべての側面に対応できる
人はいません。だからこそ、
“わたしにできる”ことは
きっとあるはずです。

特定非営利活動法人
全国自死遺族総合支援センター
〈グリーフサポートリンク〉
ホームページより

自死を身近に経験した読者からの便り

投稿より（編集部まとめ）

自死は特別な死ではない

――息子を自死で亡くした知人を持つ読者より（無記名）

私は自死された、ある方の葬儀に参列したことがあります。その母親が柩《ひつぎ》の中で眠っている我が子に対して「あんたは楽になったのね」と語っているのを見て、本当にそうだと思いました。（自死に至るまで）どれほどの苦しみを身内の者は見てきたことでしょうか。

信仰熱心な娘を自死で亡くした父親の手記（25ページ）を読んで、平山正実先生のアドバイス（31ページ）の一文「信仰と病気の葛藤を経て、神さまは（その自死した娘さんに）安息の時を与えられました」に同感しました。病気の苦しみは計り知れないもので、私も神経の痛みを二〇年近く持っています。毎日症状が変わり、朝起きるのが苦痛です。（中略）自殺を特別扱いするのはいかがなものでしょうか。突然死だってあります。みな、病気です。人の死の「時」は、神さまが与えられると信じていれば、みな同じだと思います。

死因が「自死」だと伝える必要はない
――夫を自死で亡くした信徒より（無記名）

私は数年前、三〇年間連れ添った夫を自死で亡くしました。大手企業のリストラにより過酷な転職活動を経たものの、大手の研究所に再就職が決まり、夫も私たち家族も安心と喜びと感謝に満ちあふれました。しかし、今までとまったく違う職場で夫は精神的に追い詰められました。疲れ果てた夫は私のすすめもあり精神科に通うようになりました。通院治療、入院治療、自宅療養を経て、仕事に復帰できるまでに回復しました。それなのに夫は自ら命を絶ってしまいました。

私は夫の自死を隠そうとしてきました。いまだに、息子の嫁やご近所の方にも言えないのです。まあ、知らせる必要もないと隠しています。私は夫の死から一年ちかく経ったイースターに受洗させていただきました。多くの方に祈り支えていただき、感謝しています。

母の自死を自分だけで背負って
——母親を自死で亡くした女性信徒より

母はぜんそくの発作で入院していましたが、退院が決まった矢先に病院の五階から飛び降り「自殺」しました。その後一〇年ほどは、母の弟夫妻と父が親しくしていたご夫妻以外には母の「自殺」を知らせませんでした。父はやがて亡くなりましたが、その父にも伝えませんでした。そうした期間、私はほんの少しの刺激にももろくなっていましたが、表面上は以前と変わらないように努めていました。ただ、心の中で渦巻いていたのは母に対する怒りでした。

その後、自殺防止の活動をするセンターで電話ボランティアを始めました。そこのセンター長に自分の思いを聞いてもらって、外に向けて母の自死について言葉にあらわし始めました。

しかし、夫が亡くなると、身体的に不調が現れてきました。こんなボランティアを当時の自分がするのは、今考えると間違いでした。言葉にしなかった期間における母に対する思い、怒り、悲しみを受け止め直す作業ができていなかったからです。センターはやめざるをえませんでした。

自死遺族の自助グループに参加して思いを言葉にすることで孤立感から救われる経験もしましたが、立場の違いからかえって傷つけられるように思えたこともありました。私にとって教会は主が確かに支えてくださる場所であり、なんとか今は穏やかに過ごしていますが、心の中にある傷はいつも口を開けています。

子どもたちの母親としての役目は終わろうとしているのに、母の娘としての思いはいつまでもあり続けます。不本意な形で終わってしまった母の人生を他の誰も知らなくても娘である私が負っていく。力の及ばざりしを主に祈りつつ、生きていきます。

教会での人間関係につまずいて自死

――夫が自死した信徒より

数年前のある日、礼拝から帰ると夫が自死していました。悲しさより、「どうして?」という思いでこころが凍り付いていました。「天国に行けたでしょうか?」と牧師に聞くと、「何十年も信じて歩んできたのだから、大丈夫だ」ということでした。

夫は教会内での意見の対立によってファクスや電話で暴言を受け、教会に行けなくなってしまいました。それでも夫は礼拝にあずかりたくて、別の教会に客員として通っていました。牧師は戻ってくるように何回か言いましたが、帰らずに自死に至りました。七〇代後半でした。

葬儀や記念礼拝を慌ただしく終えたあと、教会の人たちの変化に気付きました。自殺は罪だと教会の中で言いふらした人がいたり、親しかった人の態度が変わったり、牧師から言われたことで傷ついたり絶望の日々でした。

つらく悲しく、悔しい気持ちでいっぱいで、教会の中の事で死ぬなんて……と思うほどに苦しく、私も死にたくなりました。一周忌の召天記念礼拝の後、もう教会の誰にも会いたくなくなり、教会に行くのも嫌になり、牧師に「やめます」と言いました。心を病んでしまったのです。

しかし、こんな絶望の中でも神さまは私を支えてくださいました。教会も他教派ですが転籍し、今はすべてのことを主にお任せしてゆっくりのんびり一日一日を大切に生きていきたいと思っています。

＊この投書は33ページの執筆者、精神科医の石丸昌彦氏宛の手紙からまとめたものです。

牧師に助けを求めて、救われた
――生活に窮した男性信徒より

私は亡くなった父の遺産で経済的に余裕ができたのをきっかけに、いろいろなことに挑戦しました。しかし、見込み違いで生活に窮するようになりました。生計を立てられるような仕事も見つからず、手持ちのお金は底をつき、電気も止められてしまいました。

そんなことは人には言えませんでしたが、精神科医の石丸昌彦先生（33ページ）などの記事が心に残っていたので、教会の牧師に助けを求めました。先生はすぐに食料を持って駆けつけてくれました。そして、「気がつかずに、のほほんとしていてすみません」と謝られました。先生の家（教会の牧師館）で、先生やご家族と一緒に食べたパンや目玉焼き、ジュースにバナナ、ハンバーグやカレーライスには心から感謝しています。

今、その先生に付き添われて生活保護の申請をしようとしています。もう一度イエスのように人生を復活できるようにと思っています。ここまで導いてくださった、父と子と聖霊さまに感謝します。

クリスチャンだから死んだらダメだというのはへ理屈
――統合失調症をもつ女性信徒より

精神科医の石丸昌彦先生（33ページ）の記事は、うつ病で自殺した牧師について触れられていました。同じ病気になってみなければ、つらさも伝わらないなあと思いました。私は統合失調症ですが、同じ病気の人の中にいるとほっとします。病気になって病気の友だちのつらさを共有できるのがいちばんうれしいときです。

クリスチャンだから（自死で）死んだらダメだと言うのはへ理屈だと思います。でも、教会に行かれるほどの力を与えられ、行けば仲間がいて、何より明るい気持ちにしてくださる牧師がいてくださいます。

牧師だって病気になります。危険な言い方ですが、それを赦さない人の方が心が狭いと私は思います。

ただ、「痛かったんだね」と言ってほしかっただけ

——自殺未遂を繰り返す女性信徒より

まだ聖書を読んだ経験しかなく、キリストの愛を知らずにいた一〇代後半に私は自殺をはかった。常に弟と私を比べてきた母は、私を「恥」と呼んだ。いじめられることも多かったが、母は「おまえに問題があるんじゃないの」と取り合ってくれなかった。死にたかったが、死にきれなかった。

その後洗礼を受けたが劣等感は消えず、今もある。精神科の薬を一気飲みして自殺をはかっても心配してくれるのは夫だけ。いつも目覚めた枕元に母の姿はなく、失望した。甘えていると言われるかもしれないが、私はただ、「痛かったんだね」と、傷に気付いてほしかっただけだ。

関田寛雄牧師の記事（48ページ）にあった、家族から疎外されていたC君の話を読んで、私よりももっと大変な人がいるのだと思った。でも、私が抱えている問題はやはり依然として大問題だった。

いまだに母の機嫌を取ろうとする自分と母をゆるせない自分と、おまえはクリスチャンだろうと自問する自分がいて、けんかをしている。

「シリーズ 自死を考える」についての感想
――自死者が多い地域の女性信徒より

このシリーズが始まってから、毎号関心を持って読んでいます。私の生まれ育った土地は、自死者が大変多いところです。私の夫は病死でしたが、生前は希死念慮と闘う日々でした。私自身も「死んだら夫に会える」と思い、死を願う日々が続きました。しかし、主のみ手の中、教会の方々に支えていただいて歳月が過ぎました。

ところがその後、兄嫁が自死で亡くなりました。まだ三〇代で育ち盛りの三人の子どもたちを残して逝かなければならなかった姉はどんなに苦しかったかと思うと、涙が出てきます。

姉は統合失調症でした。ああしていれば、こうしていたなら、などいろいろなことを考えましたが、姉はもう戻ってきません。今自分にできることは、姉の想像を絶する苦しみ、痛み、悲しみを、たとえ知り尽くすことはできないとしても、決して忘れないこと、最期まで闘い抜いた姉を今後も愛し敬うことだと思っています。いまだ、自死について多くの差別や偏見がある社会の中で、このようなシリーズをもって教会が何らかの声を発することが、表面的には見えない苦しみの中にある方々の慰めにどれほどなっているかを思います。

投書へのレスポンス

吉岡光人（よしおか みつひと）
『信徒の友』編集長、東京・日本基督教団吉祥寺教会牧師
キリスト教カウンセリングセンター理事

自死遺族への偏見を克服すること

自死を特別視する風潮は一般的にも、教会の中にもまだ根強く残っています。他人はもとより、親族にさえ告げるかどうかで悩まれる方が多いように感じます。お手紙の中にもそのような苦悩が書かれています。自死に対する偏見や差別的な感覚が、自死遺族の心の癒やしのプロセスの壁になっていることは間違いのないことだと思います。

キリスト者であることで、より強く苦しんでおられる方々もいます。教会には伝統的に「自

殺は罪」という倫理観がありました。「自殺者の葬儀は行わない」とか「教会の墓地に埋葬しない」という時代もあったと聞きます。さすがに現代ではそのような露骨なことはほとんどないと思いますが、自死者に対する見方は今でもなお厳しいものがあると思います。

教会のそうした考え方が自死遺族への痛みをさらに強くしているようです。自死という形での別れの悲しみに加えて、故人が宗教的な裁きを受けているようであり、家族の痛みはより深くなっています。その偏見は自死遺族に対しても向けられ、家族も同時に裁かれているような感覚があるのかもしれません。自死された方に対して直接的に「この人は自殺という罪を犯した」な

ども言う牧師や信徒は多くはないでしょう。しかし心の中でそのように思っていて、そのようなことをにおわせるような発言をしてしまい、それを聞いた自死遺族はデリケートな心の状態にあることもあって、深く傷ついてしまうのです。

自死の理由はもちろんさまざまですが、自死者の約八〇パーセントはうつ病などの精神疾患を持っていると言われます。病であればそれは治療の対象だったわけですから、それはむやみに「罪」と断定し、倫理的に裁いてはならないことです。「自死は罪」と言えるのは、「神の前ではすべて罪人である」という信仰理解と同じレベルにおいてのことです。

すべての人間は神の前に思いや言葉や行動で罪を犯しているわけですから、それらの罪と同じ意味においてのみ、「自死もまた罪」と言うことができるのです。特別扱いされることではありません。ことさらに自死という行為ばかりを「罪」と断定するところに問題があるということになります。

故人への家族の思いに配慮する

自死遺族の心をふさいでしまうもう一つの側面は、ご家族の心の中に、自死された方への複雑な思いがあることを、お手紙の中から感じました。

一般的に言っても、愛する者を失ったときの喪失感から来る悲しみはもちろん深いものがありますが、自死遺族の場合はそれに加えて、亡くなられた方に対する負い目、罪の意識、憤りの思いなど、さまざまな思いが交錯し、それが複雑に絡まっているようにも思います。自分の生活の基盤が揺らいでしまっている方、つまずきを感じてしまった方もおられます。そうしたことも、周囲の配慮の対象となるでしょう。

また、ご自分が希死念慮を抱いて日々を送っている方の声もありました。そのような思いを抱いてしまうに至った心の葛藤や傷と向き合うことの大切さ、そしてそういう方々に対する周囲の理解の大切さを思わされます。

教会に望まれる対応の提言

教会は、信徒も教職も自死に対するしっかりとした理解を持たなければならないでしょう。「自死は神に対する大罪」とことさらに罪を強調する教条主義と、「それは仕方ないことだったんだよ」というセンチメンタリズムの双方を克服して、死の出来事から起こる遺族の悲しみや痛みをしっかりと受け止めなければ、現実への対応は難しいことでしょう。

死別の悲しみは時に人を病気にしてしまうほど大きなものです。まして自死によって別れを経験した方にとってその痛手は相当大きいでしょう。周囲の者として自死へのタブーや偏見をなくし、家族に配慮できるような教会でありたいと思います。同時に、希死念慮を抱かざるを得ない状況にある人たちへの理解とサポートもまた教会の配慮として考えていかなければならないでしょう。

どう対応していいのかわからなくて、なんとなくそういう人たちを遠ざけようとする心理が働くかもしれません。それでも、「死にたい」と口にする人や言葉を発することもできないで心の中で叫び続けている人たちが声をあげることができるような環境を教会にも作ることが大切です。また、ボランティア団体とのパイプを強くすることも大切でしょう。

他の執筆者も提案しているように、教会で自死についての学びの機会を作るとか、自死遺族の方々が複雑な思いを吐露できるような集いを持つということも考えてよいかもしれません。一教会では無理な場合、地区や教区でそのような企画を持つことを検討してみてもいいのではないでしょうか。

キリスト教を核にした自死の歴史

354 アウグスチヌスなど初代教父たち、自殺は人間の生と死をつかさどる神の至上権の侵害とする

563 ブラガ教会会議にて自殺者の葬儀典礼を制限

578 オセール教会会議にて、自殺者の捧げもの、遺品を受理しないことを決議

1225 トマス・アクィナス、アウグスチヌスの定義に倣って、自殺は神の絶対主権の侵害とした。さらに迫害時の自殺も禁じる

1284 ニーム教会会議にて、聖別された土地＝教会境内への自殺者の埋葬を禁止。さらに自殺遺体をさらし、火刑に付すなどの迫害が17世紀にまで及ぶ

1601 シェークスピア、『ハムレット』の劇中で、入水したオフェリアを丁重に弔わない牧師に抗議する場面を構成

1608 英国国教会高位聖職者・詩人ジョン・ダンが『自殺論』を刊行。自殺者への寛容を説き、死者を丁重に葬るべきとする

1703 近松門左衛門『曽根崎心中』などの影響で自殺が大流行。幕府は興行を禁じ、未遂者を晒し者に

1744 ゲーテ『若きウェルテルの悩み』刊行、ヨーロッパ中に群発自殺が発生

1897 フランスの社会学者E．デュルケームが社会現象として自殺を解明

1900 東京帝国大学精神科教授呉秀三が初めて自殺学研究を学会誌に発表

1903 16歳で一高生であった藤村操が、日光華厳の滝から「厳頭之感」と題する遺書を残して投身自殺、当時の青年に衝撃を与え、自殺連鎖が起こる

1948 太宰治自殺

1953 チャド・バラー（英国教会牧師）が自殺予防電話相談「サマリタンズ」を開設

1958 戦後日本で、10代の青少年が最も高い自殺率を記録（男女平均28.9人/人口10万人比）

1960 オーストリアの精神科医E.リンゲルが国際自殺予防学会を設立、第１回総会開催

1961 英国で、自殺法を廃止、法律上犯罪として問われなくなる

1970 三島由紀夫自殺

1970 日本自殺予防学会がカトリック医師増田陸郎医師の呼びかけで発足

1971 ドイツ人ヘットカンプの提唱による自殺予防電話相談「いのちの電話」を東京で開設。多くのボランティアとキリスト者医科連盟およびカトリック医師会の医師たちが参画

1972 川端康成自殺

1977 キリスト者精神科医の稲村博が『自殺学―治療と予防のために』（東大出版会）を刊行

1978 わが国初の「国際自殺予防シンポジウム」開催

1979 総理府内に設置された「青少年の自殺予防問題懇話会」が各都道府県に「いのちの電話」設置などを提言。財政的支援はなかったが、民間の努力で全国的に拡大

1986 10代の自殺、戦後第2のピークに。東京・中野富士見中生徒鹿川裕史君の自殺、10代のアイドル歌手岡田有希子の自殺などに触発されたと思われる自殺者多数、10代の自殺者は800人に

1994 愛知県で大河内清輝君の自殺があり、群発自殺が再燃

1994 ルーテル学院大学のPGC（＝人間成長とカウンセリング研究所）で、八木俊介（あしなが育英会）らを招き、死別を体験した子どもたちへの支援を学ぶ

1997 ルーテル学院大学のPGCで自死遺族支援（「身近な人を亡くした思いを語り合う会」）が始まり、その後の自死遺族支援活動拡大の端緒となる

1998 この年より14年間、わが国の自殺者数は３万人の大台を下らず

2001 日本カトリック司教団の『いのちへのまなざし』（カトリック中央協議会発行の冊子）で、自殺者、自死遺族を裁くよりも、彼らの痛みを理解し、ケアすることこそ教会の役割であるとした

2001 日本政府は初めて国家的自殺対策を構築、施策に移す

2006 自殺対策基本法成立

2007 自殺対策大綱制定。9月10日「世界自殺予防デー」「自殺予防週間」と制定

2008 硫化水素自殺の全国的流行。この手段による若い世代の自殺が1,000人を越える

2009 平山正実主宰「NPO法人グリーフケア・サポートプラザ」が「自死者の名誉回復宣言」を公表

2012 14年ぶりにわが国の自殺者数が３万人の大台を切る

日本自殺予防学会理事長・日本いのちの電話連盟理事・日本基督教団隠退教師　斎藤友紀雄氏作成

自死遺族を支えるために

平山正実（ひらやま　まさみ）
精神科医
認定NPO法人グリーフケア・サポートプラザ特別顧問

『信徒の友』誌に二〇一二年四月号から連載された「シリーズ自死を考える」（自死遺族——以下遺族とする——支援編）を振り返りながら、ここでは自死に教会や牧師、信徒はどう向き合うべきかというテーマについて総括を行いたいと思います。すでに初回から第五回目までの掲載記事（17〜54ページ）については55ページで斎藤友紀雄先生が、優れたまとめを書かれていますので、それも併せて読まれることをお勧めします。

自死者や遺族に対する差別や偏見について

今回の一年間にわたるシリーズを通読して、自死者や遺族に対する差別や偏見が一般社会の人々はもちろんのこと、教会の中でも根強いことを思い知らされました。遺族から「周囲の人から詮索や好奇の目をもって見られ傷ついた」「親しかった人の態度が急に変わった」「自殺は罪だと教会内で言いふらされた」という声を聞いて、心傷む思いをしました。

70ページの高橋克樹牧師の「自死はふつう他人の目には防げることができたことだと映るために、遺族は屈辱感や羞恥心によって悲しみにふたをして口をつぐむことになります」という言葉や、鈴木愛子さんの「多くの遺族は偏見を恐れ、沈黙のうちに自死を憚りながら生きているのが現実です」という言葉は、鋭く筆者の心を刺しました。

幸田和生司教は自死に関してカトリック信徒三四五三名に対して、アンケート調査を行った結果を報告しておられます。その中で「あなたは自死をどのように思いますか」という項目の問いに三一％の人は「罪である」と答えたとのことです（カトリック教会における自死についての意識調査）。その理由として「人間は神さまによって命を与えられたのだから生きる責任がある」「十戒、教義などの教えに背く」「周囲の人を悲しませる」などの理由があげられていると記されています。事実、斎藤友紀雄先生は20ページで、「遺族が自死した家族の葬儀をいくつもの教会を訪ねて頼んだのに、どこでも断られた」例が今もあると言われています。

自死者は自分の自死行為に責任があるのか

これまでのキリスト教の歴史的伝統や認識を踏まえるならば、先のアンケート調査にあったように信徒たちが自死について否定的な反応をするのもわからないわけではありません。しかし、いつの時代にも具眼者はいるもので、すでに十七世紀に英国の牧師、ジョン・ダンが自死者には寛容をもって処遇し、葬儀や埋葬を教会で行うべきと発言しています。

さらに幸田和生司教は、二〇〇一年に日本カトリック司教団の発表した「いのちへのまなざし――二十一世紀への司教団メッセージ」（カトリック中央協議会刊行）の中で、これまでカトリック教会が自死を断罪し、自死者やその遺族に対して冷たい態度を取ってきたことを反省し、自死者とその遺族に温かく接し、葬儀や祈りを積極的に行うべきであると記していると、変わりつつあるカトリック教会の姿勢を紹介しています。このような自死者や遺族を擁護する論調は、自死という行為の主体である当事者の自己責任論に歯止めをかけ、そうした考え方を相対化する働きをもっているると言えるでしょう。

高橋克樹牧師は71ページで「自死は故人が自分の自由意志で選択したものではありません。死ぬしかこの苦しみから逃れる解決策がないと心理的な視野狭窄《きょうさく》に追いやられた結果、本人はその絶望感に終止符を打つ最善の方法だと思い込んで偶発的に起きたことなのです」と言っておられます。

さすが、牧会学と実践神学を神学校で教えられ、自らも遺族の立場であられる方の発言です。筆者も精神科の臨床を約五〇年やっていますが、約五〇〇〇例の患者を診察していて感じることと一致します。

筆者は二〇〇五年から二〇〇九年にかけて精神科のクリニックを訪れた遺族二〇名からいろいろなことについて聞き取り調査*1をしました。その中で明らかになったことは自死者の七五％が自死する前に、すでに何らかの精神疾患に罹患し、精神科を受診していたという事実でした。

精神科医の石丸昌彦先生も38ページで「自死という行為は、その人のもともとの人柄や考え方の自然な結果ではありません。何らかの病的な変化の産物と考えるべきなのです」と主張されています。

WHOで働き、自殺予防のために国際的に対策を提唱しているベルトローテ博士は、精神科入院歴のない自殺既遂者八二〇五例を診断したところ診断名がつかなかったものは、わずか二、三％に過ぎなかったと報告[*2]しています。精神科医の飛鳥井望は自殺企図者の七五％に精神障害を認め[*3]たとしています。

これまで、筆者も自死という行為が、当事者の自発的な行為ではなく、なんらかの病気によるものではないか、彼らの自己責任のみを追求することに対して慎重であるべきだということを述べてきました。

それにつけても、思い出すのはパウロたちが投獄されていたとき、突然、大地震が起こり、すべての囚人の鎖が外れ、看守が責任を感じて自殺をしようとしたという記事です。このときパウロは「自害してはいけない」と叫び、看守を連れ出し救いに導きました（使徒言行録16章26～34節）。パウロは自死しようとした看守を精神的にケアし、また神さまとの関係を重視することによって、彼を自死から救いました。

このように、自死や責任性の問題は関係性の中でとらえ直さなければならない部分を含んでいます。そう考えますと、自死は単なる生物的要因によって起こるのではなく、学校や職場を含む地域共同体や教会共同体、さらには家族共同体の責任でもあると言えるでしょう。

自死を精神医学とキリスト教信仰との交差する点から考える

心病む人々を癒やされたイエスさまは、群衆から「悪霊の頭ベルゼブル」と言われました（ルカによる福音書11章15節、列王記下1章2節も参照）。このベルゼブルというのは異邦人が拝んでいた神と関係がある言葉で別名「はえの王」といわれていたということです。ユダヤ人はそれをジブル（糞）と結びつけています。いずれにしても「はえ」は糞など汚いものに集まるように、当時の民衆はイエスさまを「はえの王」と呼び、汚れた存在とみなし、「精神に変調のきたした人々」と同一視していたことなどがわかります。

現代社会においてもこの事情は変わりません。筆者はある地域で精神障がい者のための地域生活支援センターを立ち上げようとしたところ、地域住民の猛烈な反対にあいました。今でも、精神障がい者への差別は根深いものがあるのです。

関田寛雄牧師は心の苦しみを抱えて死んでいった自死者を、「十字架に苦しみたもうたキリストが見捨てるわけはありません」「『陰府』にまでくだりたもうたキリストの死者への愛の中に、自死者もまた包まれていることを否定することはできません」と言われます。この点を踏まえると、鈴木愛子さんが自死遺族支援会を立ち上げる中で受洗されたのもよくわかりますし、大塚忍牧師が教会を土台とした自死遺族の集いを始めた理由も理解できます。

娘を自死で亡くして三人家族となった飯塚道夫さんは「天国で娘と相まみえる希望を固く持っています。私たちは今も四人家族です」と証しされています。最愛の子どもの自死という出来事に遭遇しても、イエスさまへの信仰あっての希望をここにみることができるのです。

＊1　平山正実「自死遺族のメンタルヘルス等の諸問題について――実態調査から」聖学院大学総合研究所紀要51

＊2　Bertolote,JM et al. "Suicide and psychiatric diagnoses: A worldwide perspective" World Psychiatry

＊3　飛鳥井望「自殺の危険因子としての精神障害、生命的危険性の高い企図手段を用いた自殺失敗者の診断学的検討」精神神経論誌

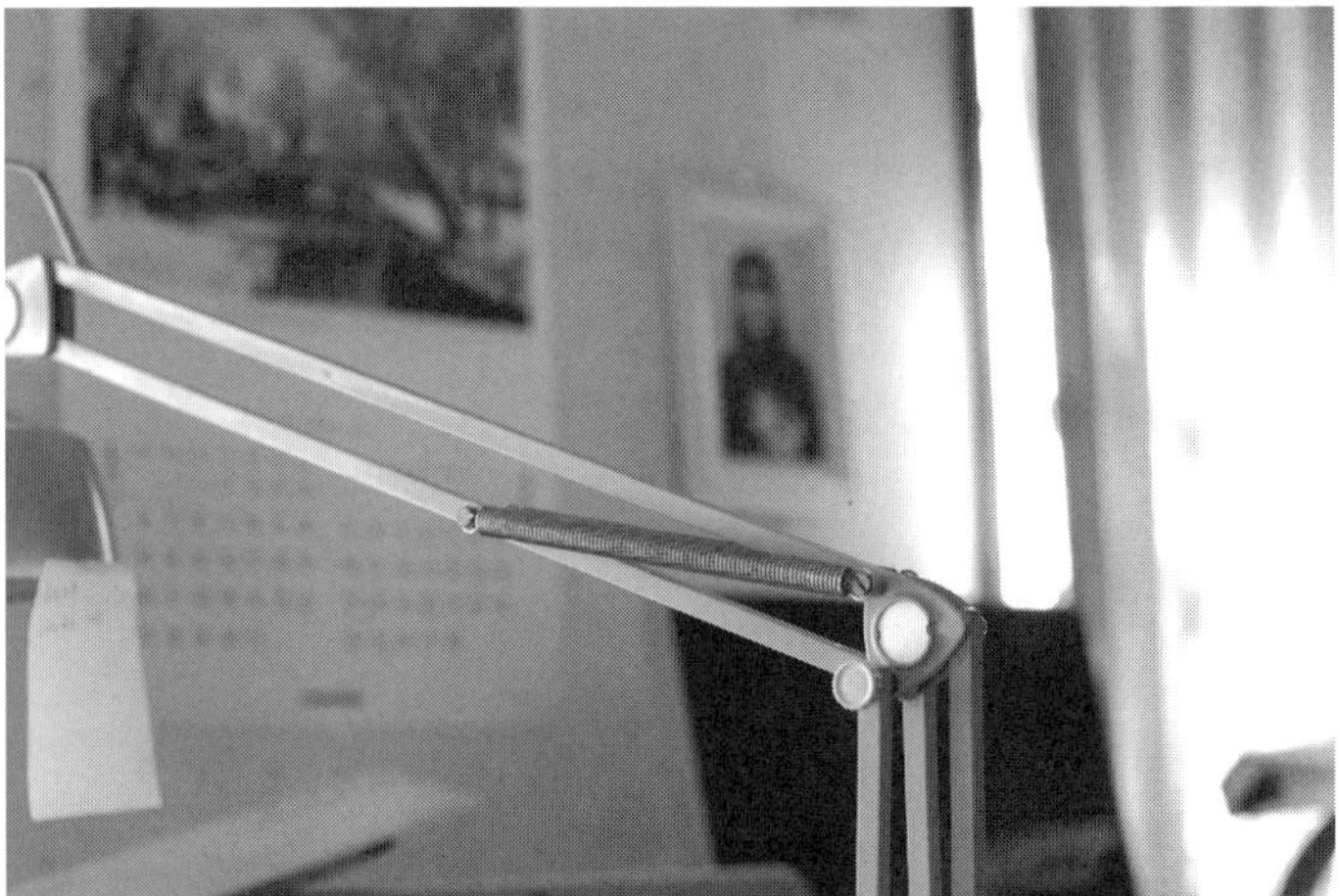

第2章

自殺予防の取り組み

自殺が急に減少し始めた
――その理由を問う

斎藤友紀雄（さいとう　ゆきお）
日本自殺予防学会理事長、日本基督教団隠退教師

震災後自殺が劇的に減少

二〇一二年の秋以降、予想をはるかに超えて急激に自殺が減少しています。二〇一〇年には三万一六九〇人、東日本大震災発生の二〇一一年は三万六五一人、そして二〇一二年は一五年ぶりに三万件の大台を切り、二万七八五八人までに下りました。一九九八年から一五年間続いた戦後最大の自死のピークがやっと終焉《しゅうえん》したと言えるでしょう。

自殺者激減の理由について、筆者はさっそく各方面の専門家にメールを入れたり、会ったり、

電話したりして聞いてみました。というのは、自殺の減少のエビデンス（科学的な根拠）の明確化は即将来の自殺防止対策の鍵となるからです。

まず産業精神保健関係の会合で産業医の先生に伺ったところ、国民全体が〝しゅんとした〟というのです。これはやや乱暴な解釈ですが、何か当たっているような気がします。大震災に直面して、死にたいと思うような個々の悩みが相対化されたとも理解できます。これは「ホメオスタシス」論に近いでしょう。「恒常性」と訳されている専門語で、生物学、心理学などの分野で使われています。生物・動物は個体の危機が迫ると本能的にその種を保存しようとするメカニズムが働くといわれます。戦時では交戦国同士の自殺は激減します。大災害も戦時に等しい経験でした。もっとも減少に関する統計的数値はあっても、心理的影響を実証するのはきわめて困難です。

自殺防止対策の科学的根拠を明らかに

一方、帝京大学医学部精神科教授の張賢徳《ちょうよしのり》氏の「中高年男性の自殺が減ったのは、団塊の世代が定年退職を迎え、職場のストレスや経済的影響から解放され、自殺に傾く人が減ったこと。しかも、団塊の世代が職場にもたらすストレスを被っていた下の世代のストレスが減り、自殺者減少につながった」という説です。これを「人口構成の時間的推移説」といいます。
また、元監察医務医の反町吉秀先生は、変死の検視をしてきた立場から、自死者や遺族の情報にも通じているのでしょうか、「自殺者減は多重債務の救済が進んできた結果だ」と述べていました。

さらに各地の精神保健福祉関係者らによる、地道なうつ病対策や民間機関による相談活動、自死遺族支援活動などを評価すべきでしょう。

次に、国立精神・神経センターの自殺予防総合対策センター長の竹島正氏に自殺者数の減少の見解を尋ねてみたところ、すでにその対策センターのホームページの年頭のトピックスに掲載したとのことでした。そこで、三万人を下回ることが新しい年の自殺対策の発展につながるためにと、氏がしたためた二つのことを紹介します。

「一つ目は、『三万人を下回ること』は、個別の対策を実施することによって見込まれる効果を積み重ねて設定された目標ではありませんし、自殺総合対策大綱に示された数値目標でもないということです。また、人口とその年齢構成が変化している中では、年齢階級別死亡率や、年齢調整死亡率こそ重要な指標になりますが、それとも異なるものです。

二つ目は、『三万人を下回ること』と重ねて、これまでの対策の評価を行い、今後強化していくべき対策を明らかにする必要があるということです。自殺は関連する要因が複雑で、その対策も複合的となることから、対策の効果を評価することが困難な領域ですが、これまでの対策の評価に取り組み、重要な対策を継続・発展できるようにすることが大切です。それによって、自殺死亡率をさらに減少させるために利用可能な対策も明らかにできるのです」

私のように自殺予防の相談・治療といった現場で活動している者にとっては、「自殺者減は、それぞれの現場での努力の集積である」といった成果を明確にした評価を期待していたのですが、やはり同センターは研究・調整機関ですから控えめな姿勢をとっているのでしょう。

そこで自殺が減少傾向にある今日、必要なことは減少したエビデンスを科学的に証明することです。確かに成果を挙げた分野ないしは方法があるのです。

先頃、国立精神・神経センター主催で「科学的根拠に基づく自殺予防総合対策推進会議」が開催され、各分野で自殺対策に取り組んでいる専門家や活動家らによる研究発表がありました。

精神保健関係者だけでなくヤフー株式会社執行役員別所直哉氏の報告がありました。ヤフーの検索には「死ぬ方法」を探すたくさんの利用者があとを絶ちません。そこでヤフーで自殺関連の検索をしても、まず国の自殺対策サイト「いきる」の画面が現れ、自殺を乗り越えて生きる上でのさまざまな情報が先の自殺予防総合対策センターから提供されます。このサイトを読んで死ぬことを思いとどまった人も少なくないでしょう。

みんながゲートキーパー

さて、自殺要因が複雑で単一の原因でないように、自殺防止の秘訣も決して単純ではありません。これまでの知見では、自殺者の八割前後がうつ病、統合失調症あるいはアルコール依存などの精神疾患ないし病的な症状があったとされています。しかし十分な精神科治療があっても、それだけで自殺は防げません。自殺のプロセス全体を考える必要があります。

たとえば、誰でも突然自殺に至るようなうつ病になるわけではありません。病状が深刻になる前に何らかの深刻な人生体験があったにもかかわらず、家族など周囲がそれに気づかず、気づいてもそのつらさを理解せず、何らのケアもしなかったとすれば深刻で重篤なうつ病に陥ることがあります。つまり医学的な治療があっても、周囲の理解や支援がない場合は、自殺への危機が高くなると言えます。

震災がらみでもう一つ注目したいのは、精神科医で千葉いのちの電話理事長日下《くさか》忠文先生の「絆」説です。震災危機が人々のこころに「絆」を生みだし、これが自殺抑止力になったという解釈です。

筆者は昨年、世話役を務めている青少年健康センターの事業で「クリニック絆」と称する若年者対象の自殺予防目的の電話相談を開設しました。この「クリニック絆」は治療ではなく、精神科医が相談を丁寧に聴くことに徹しています。もっとも一般的には、こうした良心的な取り組みは医療の分野では診療報酬が低く抑えられているという現実があります。つまり運営が困難で事業が立ち行かないことが多いのです。しかし当面は、篤志家のご厚意でこのような貢献をしていくことになるのでしょう。

わが国特有な文化的背景――しかしそこには変化も

それにしても一五年前に自殺者が一挙に増加し、昨年はまた劇的に減少したところに、日本社会ないし日本人特有の自殺傾向があるようです。海外でも自殺が多発する名所はありますが、日本の場合、各名所での自殺者数が桁違いに多いのです。

あるいは二〇〇八年に発生した「硫化水素自殺」はネットを通して広まり、最終的にはこの手段での自殺者数は千人を越えました。ほとんどが若年層でした。同一手段で千人もの人たちが、わずか一年間で自ら命を断ってしまうような国はめったにありません。またマスメディアによる自殺報道にも問題があり、いまだに興味本位の刺激的な記事構成が少なくありません。

ネットであれ、名所であれ集中的に自殺が発生する現象をスイサイド・クラスターと呼び、日本語訳では「群発自殺」ないしは「自殺連鎖」と呼ばれています。日本でこのクラスター（群発）が異常に多いのは、横並び意識が強く、周囲の大勢に影響され、暗示を受けやすい日本人のメンタリティーのせいでしょうか。また、自殺を容認する風土や文化が歴史的にあることも事実です。

こうした日本人特有の心情や文化を変えていくことは至難の業でしょう。しかし、こうしたクラスターを減少させた地域があります。かつて世界有数の自殺多発地帯と言われた新潟県松之山町です。高齢者の自殺死亡率の高い地域でハイリスク高齢者の拾い出しを行い、精神科医療機関による専門的治療や町立診療所における継続治療、保健福祉ケア、必要に応じた危機介入を行うことにより自殺死亡率の大幅な減少という成果をみたのです。さらにこれをモデルとする対策が最近は、東北をはじめとする過疎地の自殺多発県で実施され、いずれも成果を挙げています。

自殺者数の推移（自殺統計）

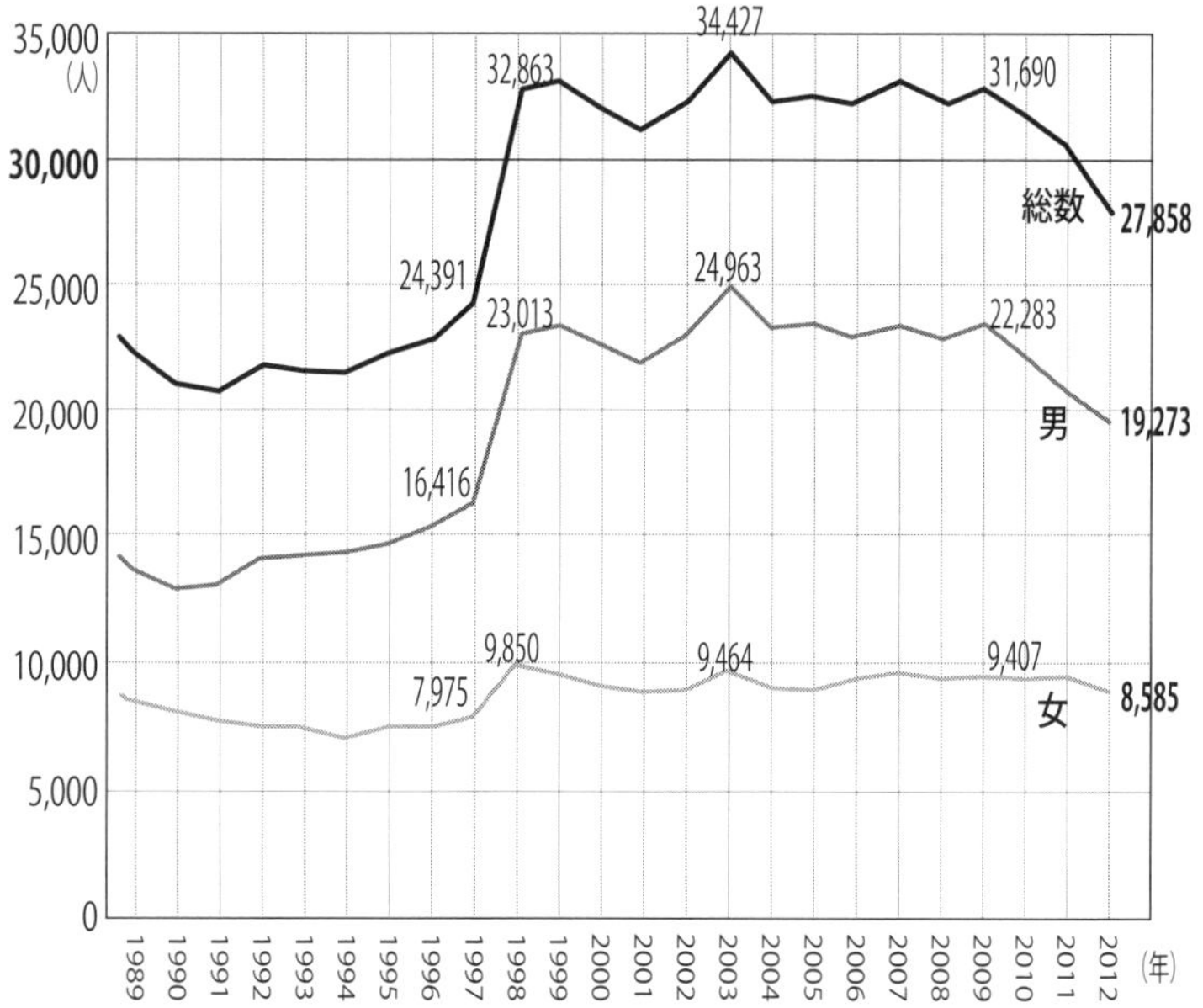

資料：内閣府「自殺統計」より作成

自殺は「最善」？
――自殺予防に求められるもの

白井幸子（しらい さちこ）
ルーテル学院大学名誉教授

自殺大国、日本

愛する人の死を悲しむ行為は人類の持つもっとも心打たれる尊い行為の一つです。しかし、自殺は自ら人々との交流を断ち切ったこと、また、その死が防ぎ得たかもしれない死であったことにおいて、残された人々に癒やされがたい特別な悲しみを与える出来事となっています。

自殺を予防するために、生活保護などのセーフティーネットの整備、職場などでのいじめの根絶、独居高齢者対策、うつの早期発見と早期治療など、近年多くの課題があげられ、行政も民間もこれらの課題に取り組んできました。しかし、日本の自殺者数はよく知られていますように、一九九八年に急増して年間三万人を突破し、以後二〇一一年まで一四年連続して年間三万人という高い水準を維持してきました。

この水準は国際的に見ても極めて高く、日本以上に高いのはロシア、東ヨーロッパ諸国など数えるほどしかないのです。

自殺者の急増の内容が主として中年の男性であることから、一九九〇年のバブルの崩壊による生活基盤の喪失など、経済的理由がしばしば自殺者急増の理由としてあげられてきました。しかし、自殺率の国際比較を見れば、一般に日本より豊かとは考えられていないアジア諸国の自殺率がおしなべて日本より低いのです。自殺をもっぱら経済的理由で説明することはできないように思われます。

自殺はアリストス

自殺予防の理論的支柱として活躍した米国の著名な死生学者、シュナイドマンは自殺は「アリストス」であるといいます。[*1] アリストスとは、「最善」を意味するギリシャ語です。自殺者は考えに考えた末、自分にとって最善の選択は死ぬことであるとして、自殺を選んだというのです。

しかし、「自殺者の自殺の目的は死ぬことにはなく、心の痛みから逃れることにある」と、シュナイドマンはさらに強調しています。自殺者を苦しめ死に至らせる「耐えることのできない心の痛み」をシュナイドマンは「サイキエイク」[*2]（精神痛）と呼びます。このサイキエイクこそ、大部分の自殺に共通して存在する鍵であると述べています。

貧困と病気、いじめや大きな失敗、人間関係の行き詰まりにおいても、しばしばそこに、耐えることのできないほど大きな精神痛が生じます。自殺者はどうにかしてこの痛みから逃れたいと願い、さまざまに苦しみ、さまざまに思いをめぐらし、その結果、この苦しみから解放される唯一の解決方法は死ぬことである、という考えにたどりついて死を選んだとシュナイドマンは考えます。

自殺予防は可能か

自殺がアリストス（最善）であれば自殺予防は不可能なのでしょうか。そうではなく、自殺者の自殺の目的が死ぬことそのものではないからこそ、自殺は防ぐことができるとシュナイドマンは強調しています。

追いつめられた自殺者の心理に特徴的なこととして、教授は「視野の狭窄《きょうさく》」と「ゆれる心」の二つをあげます。

「視野狭窄」に陥った自殺者にとって、自殺は最善の解決法と思われるのですが、自殺者に心の痛みから逃れる別の選択肢があることを、周囲の人々なら示すことができるのです。

自殺が自殺者にとって必ずしも最善の解決法ではないことは、自殺を試みて生き残った人々の多くが、「あのとき、死なないでよかった」、「どうして死のうなんて思ったのでしょう」と後になって話し、その後の人生をよく生きていることによってもわかります。

「ゆれる心」は、「どうにかして生きたい、けれども、死ぬしかほかに道はない」という二つの極の間をゆれながら苦闘する心理です。外部からうかがい知ることはできませんが、自殺者の心の中では生と死のはざまで激しい闘いが行われているのです。

この心の中でなされる生と死をめぐる葛藤から、自殺の前兆という現象が現れてきます。これは自殺者から出される、それとなく、あるいはあからさまに死を予告する言葉や行動で、「しばらくお会いできないと思います」、「長い間お世話になりました」などの言葉や、〈大切にしているものを人にあげてしまう〉、〈急にこれまでの生活習慣をかえてしまう〉、〈理解できない自己破壊的行為をする〉などがあげられます。これらは、自殺者から発せられる助けを求める信号、すなわちＳＯＳであると理解されます。

「いのちの電話」（フリーダイヤル）には、自殺に関連する相談が、毎年一万件前後よせられていると報告[*3]されていますが、それらの相談に共通するのは、助けを求める切実な思いでありましょう。

自殺予防に真に必要なこと

シュナイドマンの自殺に関する研究の一つに、多数の秀才児童の人生の歩みを十歳前後から数十年にわたって追跡したものがあります。そこから得られた主要な結果は、ある一人の人間が中年以後に自殺をするかどうかは、青年時代までに幸いを感じるような平和な体験をどれほど豊かに持つことができたかにかかっているというものでした。両親に豊かに愛されて育つということが、自殺を防ぐうえで核心となる出来事であるとシュナイドマンは言います。

こうして自殺予防のもっとも時間のかかる、しかしながら根本的な解決法は、子どもたちが幸いを感じて生きることができる家庭と社会を実現することにあると考えられます。それは巨大な目標ですが、そこに向かって私たちは進まなければいけないと思われます。隣人の存在に、さらには隣国に住む人々の存在に関心をもって生きることのできる社会こそ、豊かな社会の大切な指標であると考えられます。

自殺を考える人は圧倒的な孤独感と、どこからも助けが得られないという絶望感の中にいます。家族のいない高齢者も孤独な日々を生きていますが、職場や学校で、多くの人々に囲まれて生きていながら自分の悩みを打ち明ける人が一人もいないことがあります。このような状況こそ、現代社会の孤独の特徴と思われます。

自分の存在に関心を持ち、自分の話に心と耳を傾けてくれる人が一人でもいれば、多くの場合、人は生き続けることができるのです。

私たちは、助けを必要とし、ひそかにSOSを発している多くの隣人と共に生きています。隣人のSOSに耳をすませ、SOSを聞いたそのときに、小さな行動を起こすならば、一つのいのちが生き続けることを支えることになると思われます。

＊1 シュナイドマン、E.S.・白井徳満、白井幸子訳）『自殺とは何か』193ページ　誠信書房（1993年）

＊2 シュナイドマン、E.S.・白井徳満、白井幸子訳）『自殺者のこころ、そして生きのびる道』114ページ　誠信書房（2001年）

＊3 自殺予防いのちの電話 フリーダイヤル実施報告書　日本いのちの電話連盟（2010年）

自殺の恐れの強い人を救うのに役立つと思われる注意

出典：シュナイドマン、E.S.（白井徳満、白井幸子訳）『自殺とは何か』（誠信書房）

	自殺の特徴	注意事項
1	**きっかけ：**耐えることのできない痛み	痛みを和らげてあげる
2	**気が滅入る理由：**願いがかなえられないことにある	願いをかなえてあげる
3	**死ぬ目的：**解決を見出すため	他にも様々な解決の方法があることを示す
4	**ゴール：**意識なき世界に行くこと	別の方法を指示する
5	**感情面：**望みがなく、助けもないという思い	希望を与える
6	**心の内部：**心が揺れている	時間をかせぐ
7	**認識の能力に関して：**視野狭窄である	心の覆いを取り除く
8	**周囲の人に対して：**自殺をそれとなく予告する	助けを求める声を聞きとる 役に立つ人々の協力を得る
9	**行動のパターン：**この世を去ること	あの世への出口を封じる
10	**この世との絆：**生涯愛し続けたものへの思い	愛する人や、愛する物事との絆を回復するように努める

自殺と精神疾患
――基礎知識と対応へのヒント

石丸昌彦（いしまる　まさひこ）
放送大学教授、精神科医、キリスト教メンタルケアセンター理事

自殺と精神疾患

熟慮の結果としての自死、あるいは冷静な判断にもとづいて行われる自死というものがあることを、歴史は教えています。古来、恥多き生よりも死を選んだ例は哲人や武人の中に少なくありませんし、わが国には切腹という自死の形がありました。キリスト者であった新渡戸稲造は、英文で著わした『武士道』の中で切腹に言及し、それが野蛮や残虐の産物ではなく名誉を証しする儀式であったと論じています。

このような「文化としての自死」は本稿の関心からは外れますが、自死が必ずしも病の結果に限らないことは知っておく必要があるでしょう。そのうえで現状に目を戻すとき、今日の私たちの社会では、病による自殺がきわめて多いことをあらためて痛感するのです。

個人の健康問題としての精神疾患に留まらず、社会のあり方そのものが病んでいるのではないかとの疑いを禁じ得ません。白井幸子先生が「自殺は『最善』？ ——自殺予防に求められるもの」（117ページ）でも指摘されたとおり、長期的な経済不況の中にあるとはいえなお裕福な日本の社会において、国際的にもきわめて高い自殺率が続いてきたのはなぜか、そこに深い病根がのぞいているようです。そのような問題意識をもちつつ、さしあたり個人の病理に話を絞ることにしましょう。

ある国際的な調査によれば、自殺者のうち九七％近くが何らかの精神疾患をもっており、何の診断にも該当しない人は約三％に過ぎなかったことが報告されています（131ページのグラフ参照）。自殺とその予防を考えるうえで、精神疾患がいかに重要な意味をもつかがわかります。

ただし、これは大ざっぱな話です。自殺者の中には長年にわたって精神疾患をわずらい、その苦悩が一因となって命を絶った人もあるでしょう。一方では、もともと元気に働いていた人が数ヶ月にわたる激務や時間外労働で疲弊し、精神的なバランスを失って自殺に至ったケースもあるでしょう。このようにひと口に精神疾患といっても、ストレス状況における一時的な適応障害から重症の精神病性障害まで、実態は多種多様です。十把一絡《じっぱひとから》げに論じるのでなく個別のケースを丁寧に見ていかなければなりません。

ここでは代表的な精神疾患であるうつ病と統合失調症をとりあげ、ポイントを考えてみることにしましょう。

うつ病の場合

自殺といえば、まずうつ病を思い浮かべる人が多いのではないでしょうか。確かにうつ病患者の自殺率は高く、これを防ぐことは昔から心の臨床における重要な課題でした。

ただ、最近の事情はやや複雑です。治療の進歩や早期受診の結果、外来で診るうつ病の症状は以前に比べて軽症化しました。また、アメリカ発のＤＳＭという診断基準の影響で、原因よりも症状に着目したマニュアル式の診断が普及するにつれ、うつ病の診断基準は以前よりも緩くなりました。昔ならば「うつ病」とせず、ストレス反応とか神経衰弱状態などと呼ばれたようなものが、今日の「うつ病」の中に多く含まれています。

こうした変化の結果、診断はうつ病であっても自殺の危険がさほど問題にならない場合が増えてきました。さらに昨今話題の現代型と呼ばれる亜型では、不調の原因を外部や他人に求める傾向が強く自責感が乏しいため、自殺の危険は小さいと言われます（現代型の評価は定まっておらず、その存在を認めない立場もあります）。

ここではそういった事情を知ったうえで、昔ながらの本来のうつ病では常に自殺の危険があるという基本事項を確認しておきましょう。世間でよく使われる「自殺願望」という言葉が不適切であることは、36ページでも書きました。

うつ病にかかった人は、自分でも避けたいと思いながら、いつのまにか死のことを考えずにはいられなくなります。拭おうとしても拭いきれず、気がつくと死について考えてしまうのです。「希死念慮」と呼ばれるこのような強迫観念が患者さんを苦しめていることを、治療や援助にあたって忘れてはなりません。

うつ病では、比較的症状が軽いうちから希死念慮が生じることが多く、この点でも日常生活における単純な「落ち込み」や「へこみ」とは異質なのです。希死念慮が実際の企図に結びつくのは、うつ病の治りかけに多いということもよく知られた事実でしょう。うつ病が重いときには床から起き上がることすら億劫でできませんから、死について考え続けていても実行に移す力がありません。病気が治りかけてきて体は動くようになったけれども、気分はまだ沈んでいる、そういう時期が危ないのです。

統合失調症の場合

統合失調症も自殺率の高い疾患ですが、その原因は長い経過の中で起きるさまざまな事情に関連しています。

急性期には、急激に出現する幻覚や妄想のために自分を取り巻く世界が不気味に変容しつつあるように感じられ、強い不安や恐怖に襲われます。こうした訳のわからない恐ろしさから逃れるように、自殺に走る場合があります。

幻聴が特定の行動をとるように命じ、患者さんはこれに抵抗できないといったことも起きます。「屋上から飛び降りろ」と幻聴が命ずるまま、屋上のフェンスを乗り越えようとするところを母親がしがみついて止めたケースがありました。

統合失調症の治療薬は近年ずいぶん進歩しましたが、かつては錐体外路症状と呼ばれる不快な副作用が高頻度にみられました。その一種であるアカシジアは、静座不能と訳されるように居ても立ってもいられない強い身体的焦燥を生じるもので、そのつらさが自殺の引き金になると警告されています。

さらに、統合失調症という病気を抱えて生きるつらさから死を考える人も少なくありません。この病気は青年期に初発することが多く、かつて精神分裂病と呼ばれた時代には現在以上に偏見も深刻でした。そんな状況の中で就職や結婚などの望みを病気によって絶たれたと感じ、絶望から死に至った患者さんも少なくありませんでした。

どう対応するか～TALKの原則と信仰

多彩な精神疾患にまつわるさまざまな困難をあらかじめ知っておくのは、望ましいけれど難しいことです。医師やカウンセラーといった専門家はそのためにいるのですから、疾患の特性に関わる部分については専門家を大いに活用し、援助の方針や注意事項などについて助言を求めていくとよいでしょう。

一般の皆さんには、医療以外の部分で担うことのできる大きな役割があります。悩んでいる人に気づき、声をかけ、話を聞き、必要な支援につなげ、見守る人、いわゆるゲートキーパーの役割です。必要とされる技法や注意点について詳しく述べる代わりに、ここではＴＡＬＫの原則について紹介しておきましょう（図参照）。これはカナダの自殺予防活動グループが自殺の危険の高い人への対応の心得をまとめたもので、理にかなった実践的なものだと思います。

最後にクリスチャンの精神科医として一言。魂の危機にある人に対して主に在る希望を伝えたいと願うのは信徒として当然のことですが、それが押しつけにならないよう心がけたいものです。まずは私たちが祈りと信仰を確かめつつ、傾聴に徹することです。必要な言葉はそのタイミングと共に、主が示してくださるでしょう。

自殺予防におけるTALKの原則

Tell 相手のことをとても心配しているとはっきり言葉に出して伝える。

Ask 自殺の危険を感じているならば、その点について質問する。真剣に対応するのであれば、自殺を話題にしても危険ではない。むしろそれが自殺予防の第一歩になる。

Listen 傾聴する。励まそう、助言しよう、叱ろうなどと考えがちであるが、まずは聴き役に徹することである。

Keep safe 危険だと思ったら、その人をひとりにしてはならない。安全を確保したうえで、周りの人々からの協力も得て、必要な対処をする。はっきりと自殺を口にしたり、自分の身体を傷つけたりする行為があれば、確実に精神科受診につなげる。

高橋祥友『自殺とその対応』より一部改変（石丸昌彦編「今日のメンタルヘルス」放送大学教育振興会）

自殺と精神疾患

一般人口における自殺者中の精神科診断の割合

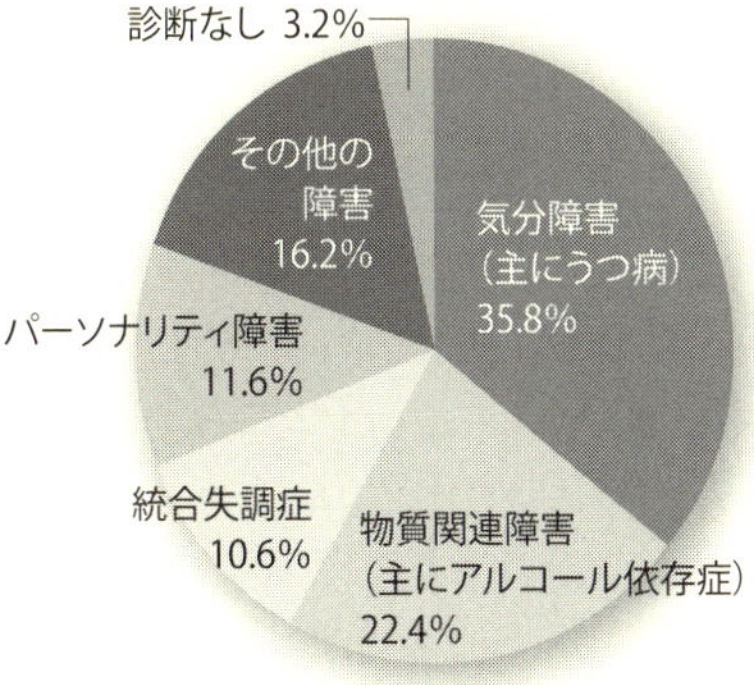

World Psychiatry. 2002 October; 1(3): 181–185.

教会は弱音を吐ける場所に
――〝弱さ〟こそ力と共感を呼ぶ

月乃光司（つきの こうじ）
新潟・日本基督教団東中通教会員

好きでひきこもるのではない

私は一〇、二〇代のときに対人恐怖症によるひきこもりからアルコール依存症になり、数え切れないほどの自殺未遂を繰り返しました。

高校には一応通っていたのですが、友だちが一人もできず、容姿に対するコンプレックスがすごく強くなりました。こんな顔じゃあ、誰からも相手にされないと思うようになりました。妄想に近い思い込みです。誰とも口がきけなくなって、こんなんじゃあ人生もうだめだ、一生結婚もできないし、恋愛もできないだろうと思いました。人というものは人の中で生きるものですから、人の中で生きられないことに対してひどく絶望して、自殺願望が出てきたのです。

大学にはなんとか入学して、埼玉で一人暮らしをすることになったのですが、キャンパスはあまりにも人が多すぎて、数日通っただけで行けなくなってしまいました。完全に孤立してしまい、ものすごく寂しくなって、死にたいという気持ちがどんどん強くなっていきました。ビルの上から飛び降りようと思ってビルの上に行ったけれど、下を見たら怖くて飛び降りられなかったこともありました。

そうやってひきこもる日々が続きましたが、誰ともしゃべらないというのはつらいものです。ひきこもりの人というと、人間嫌いで誰とも話したくない人と思われていることが多いように思いますが、それは誤解です。むしろ逆です。たとえばいろいろな人と友だちになりたいとか、社会の一員として働いて認められたいとか、そうした欲望が自分の現実の中でかなわないため絶望してひきこもっている人が多いのです。私もそうでした。本当はパートナーを持ちたいし、友だちも作りたい……。けれど、それをできなかったわけです。

ひきこもる日々の中、私は投稿マニアだったので、自分が描いた絵やイラストをいろいろなサイトに投稿していたところ、出版社から仕事の依頼が来るようになりました。それで、東京に引っ越して漫画家生活を三年くらいやっていました。そのころからお酒を本格的に飲むようになりました。お酒を飲むと、ちょっと心が開かれたような気分になれました。誰とも口をきかなくて寂しいのが、酔ったときだけ、なんかふわーっとして満たされたような気がしたものです。

こういうケースは危険です。生きるために飲まざるを得ない人というのは、酔うことで鬱屈したものを抑えているわけですから。薬物依存症者やキッチンドリンカーもその類いです。自分の経験からも、自殺願望のある人は依存症になりやすいと思います。

「死ねない」から生きる

東京で立ち行かなくなった私は二十四歳のとき、新潟の実家に帰ってきました。それからの

三年間は完全にひきこもり、アルコール依存状態でした。飲んでは自殺未遂をし、入退院を繰り返しました。あるときは本当に死のうと思って遺書を書いて、お酒と持っていた向精神薬を全部飲んで泡を吹いて倒れました。救急車で運ばれて胃を洗浄され、意識が戻りましたが、そのときに緊急外来室のガラス越しに母親が泣いているのを見て、私は母親に向かってひどく怒ってしまったんです。「おれは死ぬつもりだったのに、何で助けたんだ⁉」と。ひどい話です。「死ねばよかった」。実は今でも、こんなこと言っては怒られるかもしれませんけど、半分そう思っています。でも当時、自殺未遂を繰り返すうちに、どうも死ねないようだということがわかってきたのです。自分はへたれで自殺できないから、選択肢が生きざるを得ないということなんだな、と思うようになったのです。

今も、「ああ、もう嫌だ、死にたい」と思うこともあります。でも、若いときに努力に努力を重ねて自殺しようと思ったけれど死ねなかった、そのときの気力も体力も今はない……そうすると、選択肢が生きていくしかなくなるわけです。そうなら、人生嫌なことも多いけれど、ひきこもっているよりはいろいろ動いている今のほうがまだ楽しいんじゃないかって思えてきます。現状をきちんと肯定していますが、それは死ねないという前提から始まっています。

生きる方向に導かれて

結局、私はアルコール依存症の自助グループに参加するようになり、二十七歳のときから今に至るまで、「飲まない生活」を続けています。そのグループのプログラムがキリスト教的であったこと、そのメンバーのひとりに誘われて教会に行ったことがきっかけで、教会の青年たちと地元のホームレス支援を手伝ったりして、教会につながるようになりました。そして、三十四歳のときに洗礼を受けました。

今は会社員をしながら、インターネットやラジオ、本などのメディアを通して、病気や障がいなどで、自分と同様「生きづらさ」を感じてる人たち、生き方が下手な人たちと連帯して、

朗読会や講演会、パフォーマンス・イベントを行うなど、さまざまな活動をしています。つまるところ、私が言いたいのは「でも、生きていこうよ」ということです。

私の周りにはアルコール依存症で亡くなった人が大勢います。彼らと私、何が違ったのかというと、私には死なない方向に導いてくれる存在があったからだと思っています。その確信が私にとっての信仰なのです。

だから、私の役割があるとしたら、それはかつての自分のような状況で苦しんでいる人たちに自分のことを話すことだと思っています。イベントや講演会でも、その都度、今この場所に導かれたと思って、過去の駄目な自分の話をしています。駄目なサンプルとして。謙遜からではなく、本当に私は駄目なんです。でも、その駄目なところが、話すべきことなのだと思っています。その役割のために生きさせてもらっていると信じています。

教会は弱さを出せる場所に

教会でも、生きづらさを考える会「ベタニヤ会」でリーダーをやっています。教会の中にメンタルの問題を抱えている若い人たちがいるから、その人たちが参加できるような集いをしないかと牧師から声をかけられて始めました。牧師も自分がいかに変な牧師であるかとか、この前こんなことで妻にひどく怒られたなど、打ち明けてくれたりします。そうやって牧師自ら話してくれるのはとてもありがたいことです。

私が教会に期待するとしたら、このようにいろいろな交わりの場で自分の駄目なところを話してほしいということです。私もそうでしたが、初めて教会に来る人や、来始めたばかりの人はとても緊張していますから、そんなときに自分のうまくいかないことを話してくれる人がいると、すごく

ホッとするのです。もちろん自分のすごいことだって話してもいいですけれど、いかに自分が駄目であるかということもちらっと出してくれる、そんな場所だと、つながっていきたい、また来ようかなという気持ちになります。弱さというのは実はすごく共感を得やすく、人に作用する力があるのです。

やはり、教会はいい所だと思います。医者だろうが会社の社長だろうが無職だろうがホームレスの人だろうが、その場ではみな平等なわけですから。それはとてもすてきなことだと思っています。

イラスト：月乃光司

月乃光司

詩人、作家、会社員。1965 年生まれ。病気や障がいや生きづらさを抱えた人の体験発表とパフォーマンス・イベント「こわれ者の祭典」代表。ラジオ番組『ハートエナジー』パーソナリティー、NHK-E テレ『ハートネット TV 〜薬物依存〜』レギュラー出演中。厚生労働省による依存症者に関する検討会構成員。2009 年「詩のボクシング」東京大会優勝。2010 年新潟弁護士会人権賞。第 5 回安吾賞新潟市特別賞。『窓の外は青 アルコール依存症からの脱出 !!』（新潟日報事業社）など著書多数。新潟・東中通教会員。

牧師にできること
――教会員の信頼に支えられて

西間木公孝（にしまき　まさたか）
島根・日本基督教団横田相愛教会牧師

教会は最後の逃れ場

自死を防ぐために教会は何かできるのでしょうか。はっきり言って、何もできないと私は思います。そう言うと、多くの人が反発されることでしょう。何かできるのではという思いをお持ちの人がたくさんいることも承知しています。しかし、実はそのような思いが、苦しみに直面している人たちには傲慢で、何もわかっていないと見えるのです。そして、そのことが人を深く傷つけているのが現状だとわたしは強く言いたいのです。多くの人は、このことになかなか気づきません。

良いことをしていると思っているときの人間の感情は、かなり強引なものがあります。その押しつけ感が苦しみにある者たちにとって圧迫感となり、時には恐怖にもなります。独りよがりの善意はある意味、暴力となってしまうこともあるのだと知っていただきたいのです。

わたしは地域の精神保健ボランティアグループの代表をつとめる中で、多くの障がい当事者やその家族と向き合ってきました。そして当事者や家族が抱える不安をたくさん見てきました。その中で彼らがその不安を素直に口に出すことができず、もがき苦しむさまを目にしてきました。また近年、自死遺族の支援にかかわる中で、自死遺族に対する誤解や偏見に遺族がどれだけ傷つけられているか、また心から自分の苦しみを話すことができず、苦しみながら生きているかも知りました。そんな中でも教会というものがこれらの人々にとって心の拠り所であり、最後の逃れ場であるということを何度か経験をしました。

わたしの奉仕する教会は、毎年クリスマスになると町の人が一〇〇名くらいやってきます。そこで教会員による聖誕劇や賛美歌の合唱などが行われ、大いに盛り上がります。これが近隣の人たちが教会を知り、教会に出入りする機会になっています。もっとも、教会は普段から扉が開けられているので、キリスト教の信者であるないにかかわらず、多くの方が相談にみえます。わたしにとって、自然なこととして対応しています。

ときには自死を考えている人や直前に自死を試みたけれどもできなかった人、また自死を試みられている人の家族が相談に訪れます。この人々にわたしは何かできるとは思いません。ただその人の話に耳を傾け、その人の抱えている苦しみを聞くことだけがわたしにできることであると考えています。来られた人にとって私があせったり不安になったりせず自然に対応していることが、うれしいようです。

相談にみえた人の中には、「相談するのにはお金がかかるのですか?」「信徒でないけれど、相談できるの?」と尋ねたりする人がいます。ですが、死ぬことを心に決めて来られた人はそんなことを言うこともありません。

ただひたすら聞く、その時間をつくる

赴任した当時、そうした人たちにどう接したらいいのかわからず、牧会学の本などをたくさん読みました。しかし大事なことは本に書かれていることではなく、来られた人と真剣に向き合うことだとわかってきました。話を聞く中で、その人の負っている苦しみに共感し涙することがあります。またこわばった心と体を解きほぐすために温かいものや甘いものを出し、最後の願いとして、生への希望を聞くことがあります。生への思いを聞くとき、この人は本当は生きたいんだと感じます。そしてその思いに接するとき、わたしも苦しい思いになります。

わたしは自死をする人とのかかわりの中で、生きるとか死ぬとかというのちの問題は結局、わたしたちの手の中のことではなく、神のみぞ知るところであり、わたしたちは残念ながら何もできないといつも思い知らされます。だから、わたしは何もできないと言うのです。わたしにできることは、ただその人と共にその場にいて、その人の話に耳を傾けるということです。

牧師やキリスト教の信者は苦しんでいる人、困っている人を前にことのほか聖書の言葉を持ち出し説教をします。苦しみにある者にとって、この言葉は実に痛いものです。苦しみにある人にとってそれらが正しいことは重々わかっているのです。しかし、説教は高いところ、安全なところにいる人が苦しんでいる人を追いつめるものなのです。必要なことは聖書の言葉や信仰の云々ではなありません。人間としてただ寄り添うことです。わたしは、相手の話に耳を傾け、相手に寄り添うことを心がけています。それは自分にはそれしかできないからです。

その人のために時間をつくることが牧師にとって大切であり、もし予定が入っていた場合、変更可能なものは変更して時間をつくり、寄り添います。それは、いま、自分にできることを精いっぱいしたいという思いからです。そして、それは人生の最後に教会を頼ってきてくれた人に対する牧師としての責任だと思います。

信徒からの信頼があってこそ

牧師は教会に対する責任があります。わたしは役員会において、プライバシーに最大限に配慮した上で正直に報告をします。地方はコミュニティーが小さいゆえに、個人のプライバシーが守られにくい現状があります。そして言えることと言えないこと、時が解決することと時がたっても解決できないことがあることを理解してもらい、いつかこのことについて本人からみなさんにはっきりと話せる日が来ることを信じていると言います。

教会の人たちにとって牧師が何に悩み苦しんでいるのかはわかりません。しかし教会の人たちが牧師を信頼しているからこそ、牧師は来訪者に心を砕いて相談に応じることができるのです。

訪ねてきた人が経済的にとても困窮している場合、少しまとまったお金を渡すこともあります。行政にかけあい支援をお願いするも何もしてもらえず、今日の食事にも困っているからです。教会の役員には怒られますが、お金がなければその人はどうすることもできません。受け取った人は少しまとまったお金を手にして「これで何とかやってみます」と言い、希望をもたれるようです。わたしは、そのお金は教会の人たちが神に捧げたものであり牧師個人のものではないこと、そしてそれが神さまの計らいであると説明し、肩をたたいて励まします。すると涙を流す人もいます。

ある年末年始の出来事

　年末年始は特に相談が多いときです。世間はクリスマス、お正月と家族がそろってにぎやかであるにもかかわらず、苦しみにある人にとっては孤独でつらい時だそうです。病院やさまざまな相談機関も年末年始の休みに入り、その中で誰にも相談できず人生を終わらせようとする人がいます。

　わたしがかつて、相談を受けていた青年が十二月三十一日に命を絶とうとしました。青年の母親から青年が首をくくり死のうとしていると電話を受け、その電

話の後、胸騒ぎがしたため、急いで青年の家へと向かいました。道路には雪が大人の腰まである大雪の日で、普通なら車で二〇分ほどで行けるところがその日は一時間以上かかりました。

わたしが到着したとき、青年はちょうど首をくくっていた革ひもが切れ、命を絶つことができなかった状態でした。青年に声をかけ、家族の動揺を鎮めるため三時間ほどその家にいました。その晩は青年の命を守ってほしいと神に祈り、ほとんど眠ることができませんでした。

元旦、二日、三日と家族と連絡を取り合い、ある民間の相談機関を紹介し、そこで話を聞いてもらいました。四日になり、家族には県の相談機関を紹介し、そこで相談に乗ってもらい、その後、家族は地元の保健所で相談に乗ってもらいました。その数日後に青年が再び行為に及んだため家族は措置入院という方法を選択しました。青年はその後、もう一度措置入院を経験し、退院後も何度も行為に及びました。その度に青年の家族は悲しみました。

「イエスが十字架で死んだ」ことが心の支え

青年はいま普通に生活をしています。あの当時を振り返って、青年は「僕は話を聞いてほしかっただけなのに、家族は自分を病人扱いし精神病院にぶち込んで強い薬で人格を崩壊させた」と憤ります。家族の裏切りとも思える行為と病院での体験は青年の心に深い傷を残しました。

青年はいまも教会のわたしのところに来て、心にある怒りや不安を何時間も話していきます。この青年とは数年にわたる関わりを持ち続けています。

他にも自死に及びながらも未遂に終わり、数年にわたって関わり続けている人たちがいます。この人たちは長年の関わりから徐々にですが、生きるという方向へと歩み出しています。わたしはこのような関わりの中で、「イエスが十字架で死んだ」ということが自分の心の強い支え、力の源となっています。このことがあるから、苦しみにある人と共にいることができます。

教会にできることは何もありません。しかし苦しみにある人を少しでも理解し、寄り添うことができるなら、明日を生きられる命はあると信じています。

追記

『信徒の友』二〇一三年八月号の「自死を考える」（140ページ）の原稿の著者校正が終わった後、いろいろな思いがこころにありました。その旨を担当編集者にメールしたところ、その思いを入れた上で、もう一度原稿を書き直してみませんかとの提案を受けました。誌面の製作、印刷、発行のスケジュールを考えると残された時間はわずかしかなく、これ以上、編集者を困らせることはできないと判断し、申し出を辞退しました。そのため、書籍化にあたり、少しだけ付け加えたく思います。

今回はきれいごとだけを書きましたが、本当に書かなければならなかったことがあります。それはさまざまな関わりを持ちながらも、どうしても支えることができなかった経験でした。このことは本当につらく、牧師をやめようという思いに立たされました。心から悔やみ、いろいろと思いながら今に至っています。

亡くなられた人との関わりの長さや深さに関係なく、その人を失ったことで、こころに大きな喪失感があります。地域の保健師たちと話す機会がありましたが、同じような経験をしている人がいました。同じようなことを他の牧師たちも経験していると思います。イエスの復活が遺族にとっては深い慰めと希望であるように、復活は牧師にとっては赦しの言葉です。

自殺と宗教
――人間と集団の結合度から見る

斎藤友紀雄（さいとう ゆきお）
日本自殺予防学会理事長、日本基督教団隠退教師

自殺の社会学

人間が自殺のような人生の危機に直面したとき、その危機を乗り越える力を与えてくれるのは宗教であり、生きる意味を見いださせてくれます。こうした「自殺と宗教」という事柄についての構造的関係について、実証的に研究を行ったのは、フランスの社会学者エミール・デュルケームで、一八九七年に書かれた彼の代表的な著作『自殺論』（中央公論文庫、宮島喬訳）は今日でも広く読まれています。

彼によればユダヤ教徒の自殺率がカトリック教徒のそれを大きく越えることはめったになく、同様にカトリック教徒の自殺率はプロテスタント教徒より少なく、さらに農村よりも都市、既婚者よりも未婚者の自殺率が高いなど、個人の孤立を招きやすい環境が優位に自殺率の高さとなって表れているとしました。

デュルケームは、人間と集団との結合度によって人間集団の自殺率は違ってくるという事実を指摘し、一方自殺率がいちばん高いのは無神論者であるとしました。つまり宗教とは、その教義を通して人間の究極的な生きる意味と勇気を与えるからだと言えますが、それに加えて宗教には個人と個人との強い精神的結合を促す力があり、宗派による自殺率の違いは、その宗派の持つ結合力の違いであると理解します。同書が刊行されてから一〇〇年あまりになりますが、宗教（教派）別の自殺率をはじめ、デュルケームの自殺にかかわる社会学的理論は驚くほど現代にも当てはまります。

ただ自殺率は気候風土の影響も受け、同じプロテスタントでも英国では自殺率は低く、ロシアなど東方のオーソドックス教会の教義はカトリックに近いのに、スラブ諸国の自殺率は非常に高い傾向があります。またデュルケームによれば、ドイツ人は性格傾向としてうつ的であるがために自殺が多いとしています。いずれにしても宗教、人種、風土などさまざまな要因が自殺率の背後にあり、単純ではありません。ただ一般論として、プロテスタントはカトリックよりも自殺が多いと言えます。

ちなみにユダヤ人は世界中で自分たちのコミュニティーを形成していますが、どこでも自殺率が低いのです。二千年にわたって差別と偏見の中で、聖書の信仰に立って自分たちの集団を守り結束してきたからでしょう。

信仰集団が孤立を防ぐ

プロテスタントはカトリック的な教会の伝統を否定し、個人主義的信仰に重心を置いたとも言えます。デュルケームはカトリックとプロテスタント双方の教義に深く立ち入ってはいませんが、それを社会学的に考察して、プロテスタントのほうは集団との結びつきが弱体化し、人間の疎外と孤立を促進しやすいと言います。

カトリックの場合、国際的にも信仰共同体としての観念がプロテスタントよりもはるかに強く、信条や制度を通して社会の規範を維持するという役割を果たしてきたと言えるでしょう。それが人間の孤独や疎外から個人を守り、個人と共同体を結びつける役割を果たしてきました。

さらにカトリックでは、「告解」（ゆるしの秘跡）によって、司祭を通して罪の赦しが与えられるとされます。つまり、告解は罪悪感の軽減に大きな役割を果たしているのです。自殺動機の深層にしばしば見受けられるのは倫理的罪責感です。そうした意味で告解は心理学的、精神医学的視点から見て、まさにカタルシスをもたらし、精神的葛藤の解放につながります。言い換えれば告解の役割は単なる宗教的な事柄にとどまらず、優れたこころのサポートシステムであると言えます。

サポートシステムとしての教会

かつてハーバード大学精神科の教授であったジェラルド・カプラン（一九一七～二〇〇八）は地域精神医学という分野を構築した学者でした。彼が、ハーバード地域全体のアングリカン教会（日本では聖公会）に対して、聞き取り調査を実施したことがありました。

アングリカン教会はプロテスタントでもカトリック的な伝統を保持しているせいでしょうか、カプランはこれらの教会が「地域でもっとも広く利用されるように組織された援助組織であり、他のどのグループよりも多くの人に規則的に満足を与えている」と評価しました。

教会が定期的な集会をもち、構成員同士が友人であり、仲間であることを認め合い、共通の価値体系のもとで互いに助けあっていること、具体的には出産、結婚、病気、死といった人生の重大な出来事に際して、社会的援助と共に生きる意味といった内面的な支援によってお互いを、そして人々を補強していると指摘しています。まさに地域精神保健という視点からすれば、もっともよく組織化されたサポートシステムなのです。こうしたことからもわかるように、アングリカンの地域社会で自殺が少ないのは、カトリック同様、教会という大きな集団につながっている人々が互いの絆で結ばれて自殺抑止力となっているためと言えるでしょう。

また信徒は、カトリックもそうですが、クリスチャン・ネームと称する、聖書の登場人物や守護天使、聖人の名前を与えられています。人生の危機の日には、彼らは神に祈るとともに守護聖人にとりなしを願うのです。

自殺を責めるのではなく、まずケアを

さて、ここで自殺がどのように取り扱われてきたか歴史を振り返ってみましょう。中世から近世にかけて自殺行為は重罪とされ、その遺体はさらしものにされ教会墓地への埋葬も拒否されました。さらに自殺者の全財産が没収されたのです。しかしフランス革命後ヨーロッパでは、自殺禁止令は次々と廃止され、一九六一年カトリックと同様自殺に厳しかったアングリカンの英国でも「自殺」は刑法から除外されました。

精神医学的な知見からも、自殺の背後にある病理性をただ宗教的に断罪すべきではないと判

断したからです。また、そうした教会の自殺理解が偏見を生みだしていたからです。実はもともと聖書は、自殺についての倫理的判断を一切していないのです。

わが国の教会でも自殺について甚だしい誤解と偏見、そして差別的な認識を欧米から受け継いできました。しかし二〇〇一年、日本カトリック司教団が、前述したような新しい認識から、『いのちへのまなざし』と題する声明を発表し、概略ですが次のように述べています。「教会はこれまで自殺者に対して裁き手として振る舞い、差別を助長してきました。これからは故人のために、その遺族のために、心を込めて葬儀やミサや祈りを行うよう呼びかけていきます」。

ともあれ宗教的にも法的にも、自殺は厳罰すれば減るとする考え方は前近代的な認識です。むしろ前述の司教団声明にあるように、自殺を責めるのではなく、自殺という苦悩を理解しケアすることこそ、今日の宗教、ことにキリスト教の役割ではないでしょうか。

最後になりましたが、デュルケームの『自殺論』以降各国で自殺学研究が盛んになり、日本では一九七〇年にカトリック信徒の医師増田陸郎氏が、今日の「日本自殺予防学会」の基礎を築きました。「自殺学」は社会学はもちろん精神医学、心理学、文学、宗教学、神学など関連分野の学問領域によって構成される「学際的」な学問と呼ばれ、開設時は一〇名ほどでしたが、最近は五〇〇名近い会員を擁し、国の自殺予防対策にも貢献しています。

キリスト教国の自殺率の比較（%）

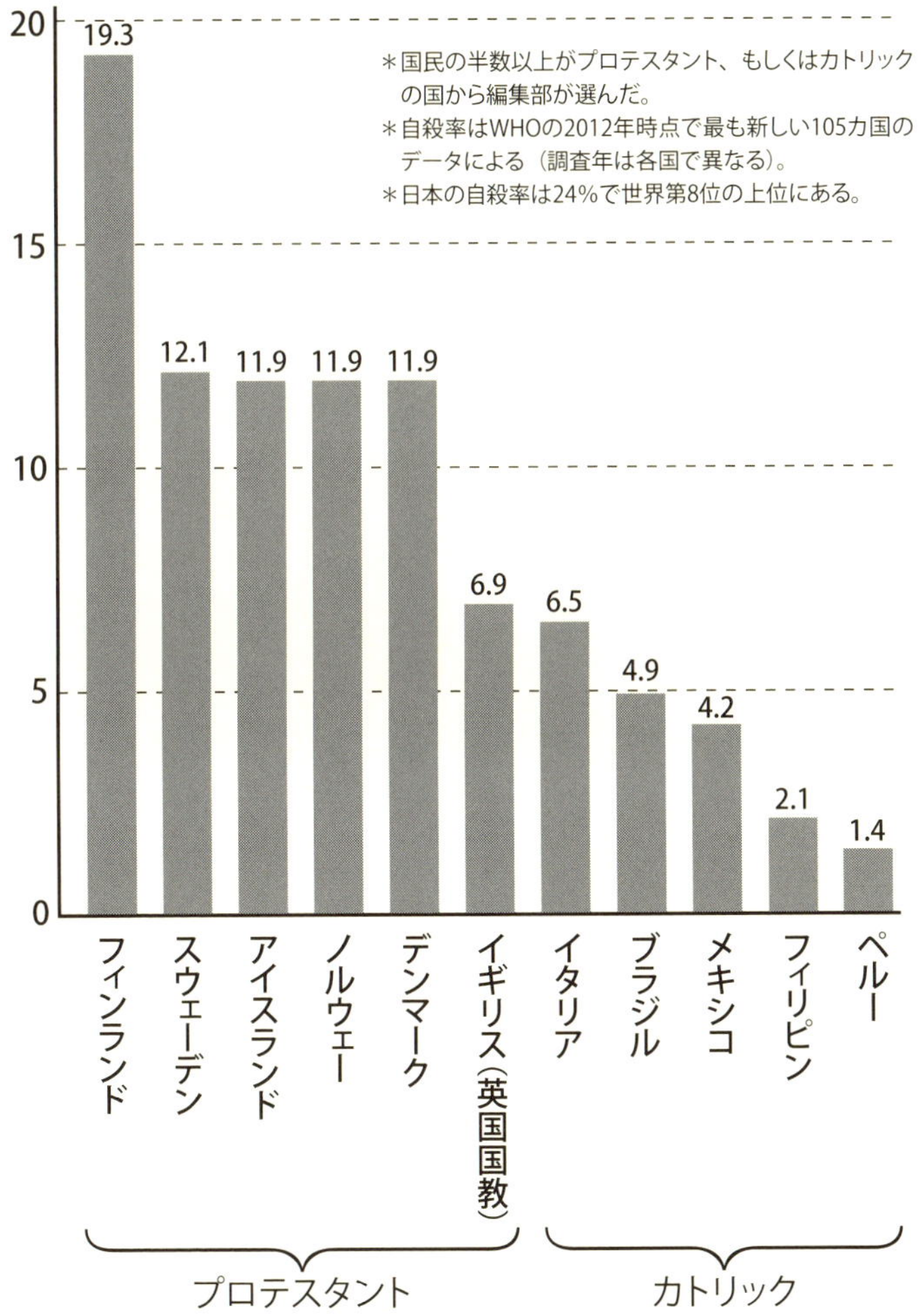

「絶望」の先を見据えて
――精神医学の臨床から

小笠原將之（おがさわら　まさゆき）
大阪大学大学院医学系研究科、精神医学教室助教

自殺対策の「コミュニティモデル」と「メディカルモデル」の限界

わが国においては、一九九八年以降の自殺者数の急増を受け、二〇〇七年に国内外の研究の成果を網羅した自殺総合対策大綱が閣議決定されました。そこでは、自殺の危険性の高い人を「地域で支える」というコミュニティモデルと、「医療で支える」というメディカルモデルが、自殺予防活動の両輪と位置づけられました。そして実際、自殺予防に関して、「人の絆」「支え合い」「専門医につなぐ」などの言説をよく耳にします。

しかし、コミュニティモデルは、地域介入といったマクロ的観点からの研究結果に基づいたものです。また、メディカルモデルに関して言えば、現在の精神医療においては希死念慮や絶望感はうつ病の症状の一部という位置づけに過ぎず、それら自体の何たるかが十分考慮されないまま、ただ単に「排除すべき異物」と扱われることが一般的です。このように、これらのモデルは人間の絶望それ自体を十分に捉えているとは言い難いのです。

人間の宿命としての空無

ここで、哲学の見解を交えて、絶望について考えてみましょう。

デンマークの哲学者キルケゴール（一八一三〜一八五五）は、著書『死にいたる病』の中で、絶望に関して深く考察しています。彼は、人間の絶望は全く普遍的なものであって、絶望していない人は一人もいないと喝破し、人間が自らの絶望を意識しないこと（このような人を彼は「自然的人間」と呼んでいます）自体が絶望であると述べています。

一方、ドイツの哲学者ハイデッガー（一八八九〜一九七六）は、著書『存在と時間』の中で、人間は選択の余地なく一方的にこの世界に投げ込まれた存在である（被投性）と述べています。つまり、人間はこの世界（現象世界）の中に存在論的な根拠を持つことはできず、いわば人間の奥底には空無という穴が開いているのです。それに気づかない人（キルケゴールのいう「自然的人間」）も多いですが、一旦その空無に気づいてしまうと、もはや後戻りはできません。その人の精神は根底から虚無や絶望にむしばまれ、そこから不安感や抑うつ気分が派生したり、その虚無や絶望を埋めるべく自転車操業的な無理に駆り立てられたりします。その結果として、「心の病」と言われるさまざまな事態が生じます。

絶望の解決とは

それでは、絶望や心の病は、一体どのようにして治るのでしょうか。

うつ病で入院治療を受けていたAさんは、絶望が窮まったある日、急に「許された」という実感が生じたことをきっかけに、一瞬のうちにうつからすっかり抜け出すことができました。摂食障害で餓死寸前の状態になって入院したBさんは、入院中に「自分は愛されている」という実感に出会って、一瞬にしてそれまでの激しい痩せ願望が消えていきました。

若くして人生に行き詰まり、自傷行為を繰り返し、人生の迷宮をさまよっていたCさんは、通院を始めて二年半ほどたったある日、急に「許された」という思いに包まれて安心をおぼえ、将来の方向が定まるに至りました。

以上のことは、私が治療を担当していた患者さんに実際に起こったことです。彼らは、「具体的な誰か」を超えた場所、すなわち現象世界の外から「許された」「愛された」という実感の成立により、瞬時にそれまで経験したことのない深い実存的充足の中を生きる者とされました。

治療に際して、私は彼らを絶望への直面から逃避させようとはせず、むしろ絶望の意味についての理解を携えて関わる、という姿勢を貫きました。そして、彼らはいずれも、治療が「許される」「愛される」実感に出会うための触媒となったことを、後に述懐しています。このように、絶望はたとえ解消できなくとも、一瞬のうちに解決しうるのです。

新約聖書にも、中風で寝たきりになっていた人がイエスさまに「あなたの罪は赦された」と宣告されることによって歩けるようになった（ルカによる福音書5章17～25節）といった奇跡が記されています。これは端的に「人間は、神から赦されなければ、自分の足で自分の人生を歩むことができない」ということを物語っています。

心の病とは文字通り自分の足で自分の人生を歩めなくなった状態であり、絶望とは支えとなるものを失った状態ですから、「超越論的な赦し」という確たる支えに出会った瞬間に心の病や絶望が癒やされるということは、いわば当然の成り行きです。このような奇跡は、決して過去の話や絵空事ではないのです。

「実存モデル」という視点

私は、このような実存的充足を重視する立場から、自殺予防に関して、先述の二つのモデルを補完するものとして「実存モデル」を提唱しています。重要なのは、この実存的充足は具体的な他者からの支持によってではなく、それを超えた場所、つまり超越者の次元からの支持によってもたらされるという点です。ですから、この実存的充足は、人間関係を含む具体的次元で何が起ころうとも決して変わることがない、絶対的・根源的な基盤なのです。

その点についていては、キルケゴールも「絶望に気づいていることが、自然的人間に対するキリスト者の長所であり、絶望から癒やされていることがキリスト者の浄福」「信仰者は信じているが故に破滅しない」などと述べています。彼の言うキリスト者とは「根源的絶望を認識しつつも、神を信じているが故にその絶望から癒やされている」者のことであり、すなわち信仰者は現象世界における絶望およびその先の平安を知る者であるからこそ、絶望に苦しむ人に対して動じずに接し、絶望の解決の方向を身をもって示すことが可能となるのです。また、信仰者は超越者への祈りというチャンネルを通して揺るぎのない平安を賜るわけですから、祈りこそが救いのエッセンスであると言っても、決して過言ではありません。

自殺予防に必要なこととは

このように、自殺予防に必要なことは、根源的な絶望が露呈したために自殺の危険性の高い状態に陥ってしまった人に対して、超越者という基盤、すなわち神の御手の上の平安という境地があるということを伝えることと言えます。

ただし、新約聖書に「遣わされないで、どうして宣べ伝えることができよう」（ローマの信徒への手紙10章15節）とある通り、絶望のふちに沈んだ人々にこの福音が伝わるためには、まず伝える側が「遣わされた者」としてあらねばなりません。すなわち、関わる者自身の信仰のありようが鋭く問われるということなのです。

新約聖書の「狭い門から入りなさい。滅びに通じる門は広く、その道も広々として、そこから入る者が多い。しかし、命に通じる門はなんと狭く、その道も細いことか。それを見いだす者は少ない」（マタイによる福音書7章13〜14節）という御言《みことば》に則して言えば、滅びにいたる門とは絶望への直面を回避して具体的な事物にすがろうとする虚《むな》しい道であり、「命にいたる門」とは絶望の先にある真の実存的充足に出会う道です。明らかに、後者の道は「実存モデル」によってしか示すことができません。

自殺予防というと、「いかに介入するか」といった方法論につい目が向きがちですが、「自らの作為で自殺を止めよう」などと考えることは、思い上がりです。もちろん、時には具体的な行動も必要ですが、「関わる者一人一人が、自らを含む人間の根源的な絶望を見据え、超越者の救いを祈る」というあり方こそが、実は最も大切なことなのです。

自分自身と向き合うための良書

『死にいたる病』

S・キルケゴール 著
桝田啓三郎 訳
文庫判432ページ／1250円（本体）
筑摩書房

死に至る病、すなわち絶望について深く考察した、キルケゴールの代表的著書。不幸や悲惨といった絶望の現象面のみに留まる考察を厳しく批判する一方、真の絶望とは自己自身についての絶望であって、自己自身を精神として意識し、無限性（神）に出会い、意味ある人生を生きるためには、絶望と向き合う必要があると述べている。

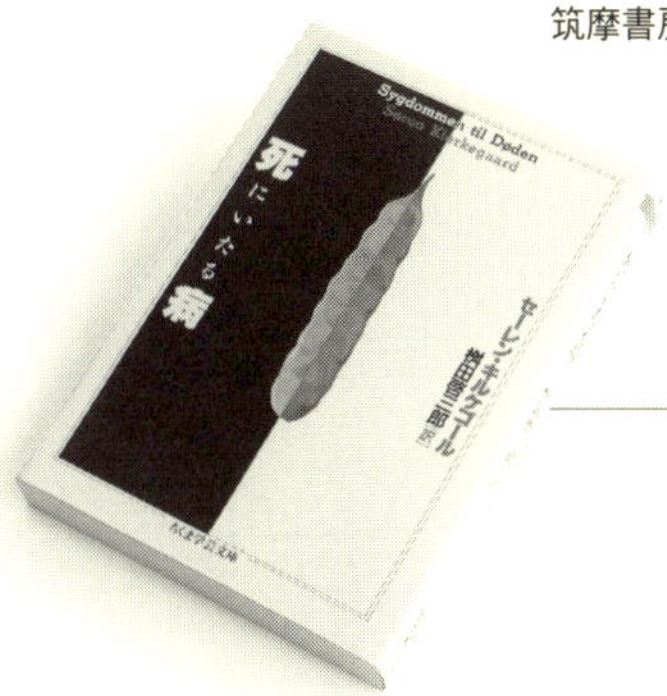

ハイデッガーの代表的著書。人間はいや応なくこの世界に投げ込まれているということ（被投性）は、自己の存在の理由や意味に関する不安を通して自覚され、この被投性の自覚は自身の死の覚悟につながる。この覚悟に起因した自身の生の意味の再構成の試み（投企）を通して、存在の真の意味や本来的時間性が立ち現れると述べている。

『存在と時間』（上）（下）

M・ハイデッガー 著
細谷貞雄 訳
文庫判528ページ（上）、
496ページ（下）／各1200円（本体）
筑摩書房

隙間を埋める
――子どもの自殺を防ぐために

長岡利貞（ながおか　としさだ）
愛知電話相談ネットワーク代表、日本自殺予防学会会員

自殺というスティグマ

私は大学卒業後、母校に赴任しました。そこで初めて担任した高二の男子生徒が自殺したのです。それから六〇年近くたった今もそのことが頭から離れません。

その後、学校や教育センターの相談係や県教育委員会の自殺問題担当指導主事として、数多くの自殺、未遂の事例に関わってきました。その間、日本自殺予防学会、日本電話相談学会、日本学校教育相談学会の創設に参加し、名古屋いのちの電話にも関わりました。大学の講義、

学校教育の現場では必ず自殺予防を取り上げてきました。

一九七一年に県教育委員会に転出してからは、当時頻発していた児童生徒の自殺防止対策を担当しました。その折、「精神健康指導の手びき――自殺問題を中心として――」（一九七四年）を編集、五万部を県下全教員に配布しました。これは子どもの自殺を精神健康という視点からとらえたマニュアルの嚆矢《こうし》です。今をさかのぼること四〇年ほど前のことです。

その後、自殺対策基本法が二〇〇六年に成立、施行され、翌年には自殺総合対策大綱が閣議決定されました。今年はいじめ防止対策推進法もでき、その昔を思うと隔世の感があります。しかしこれらの法律だけで問題が解消するわけではありません。

二〇一三年の九月十日の世界自殺予防デーは「スティグマ：不名誉のそしりこそが自殺予防の大きな妨げ」を標語に掲げました。スティグマとは恥辱、汚名の烙印《らくいん》のことです。自殺事例に出合うごとに、自殺に対する無知、誤解、偏見が今もっていかに根強いものであるか、周りの者がこれに苦しんでいるかを思い知らされてきました。

聖書は自殺の事実を伝えていますが（サムエル記上31章1～5節、マタイによる福音書27章5節）、教会は聖書的根拠がはっきりしないにもかかわらず、長く自殺を非難してきた歴史があり、今なお自殺者にスティグマを与え続けている風潮が現存します。

今日学校では、「死ぬ死ぬと言った者で死んだ者はない」「自殺について生徒たちに話し合わせると自殺の危険が増す」「自殺未遂した者は再企図しない」といった類の不正確な認識はさすがになくなったようですが、今度は自殺の原因は「苛酷な受験戦争」「お粗末な管理主義教育」、果ては「原因はいじめ」などと短絡的な見方をされることが多くなりました。自殺学の権威であるシュナイドマンが言うところの「自殺は〝救いを求める叫び〟」であると理解されるのはいつのことでしょう。

自殺は病気？

前述の「法」や「大綱」では、自殺はうつなど精神障害によるものが多いとする視点、すなわちWHOの立場を踏襲しています。このような考え方のもとでは、自殺が特定の原因で引き起こされ、この原因を除去することが治療の核心となるとされています。これを押し進めていくと、薬が顔を出し、医療従事者や専門家の出番ということになり、非専門家・一般市民などはお呼びではないということになりかねません。自殺予防の専門誌にはうつ病薬の広告がいっぱいです。果たしてそれでいいのでしょうか。このような考え方が学校に取り込まれるときは慎重な判断が必要です。

発達途上の児童生徒の自殺予防を考えるとき、学校という子どもの「集まり」はストレスの大きな源ですが、そこは子どもの持つ万能感を修正する場（「夢こわし」）でもあり、自我を強化する試練を体験し、対人関係を学ぶ所でもあります。また教師は親とはちがって、ほどよい距離から子どもを観察することができます。迂遠《うえん》のようですが、学校は自殺予防にある機能を果たしています。ただ遺憾なことに、その中にはいじめという負の一面を含んでおり、それへの対応は重大な課題です。

さらに根本的なことがあります。強く死を訴える生徒と面接していると、そこには病気を越えて人としての深い不安や絶望があることに気づきます。そこで「自殺は親不孝だ」と言っても始まりません。祈りを込めて「決行の保留・延期」の約束を取りつけるのが、せいぜいできることです。

また、かろうじて死を免れたケースとしては、ゴムホースを買おうとしたところ店の主人にたしなめられた、決行しようとした直前に電話が鳴っ

た、首をかけようとしたひもが切れた、などというのがあります。偶然といえばそれまでですが、自殺にはかくも奇しき出会いや不可思議があり、それが生・死を決めるのです。自殺行動はほんのひとつの条件が欠けることでも、死に至らないのです。そこには人間には計り知れない運命、不条理があります。自殺予防の技法は容易には一般化できないところに、その困難性があるのです。

誰もができる自殺予防活動

二〇一一年に大津市の中学二年の男子生徒が暴力・いじめを受け、飛び降り自殺をした事件以降、子どもの自殺はいじめが原因であるとステレオタイプに報道されることが多くなっています。この事件についての二〇〇ページあまりの報告書が発表され、私は精読しましたが、プライバシーに配慮してのことでしょうが、背景動機や直接原因など核心部分の大半がマスキング（黒塗り）されていました。

結論には「重篤ないじめ行為は本人に屈辱感、絶望感をもたらし、希死念慮をいだかせた。いじめの透明化で本人自身がいじめの世界から抜け出せないことを悟り、生への思いを断念せざるを得なかった」とありました。保護者は本件について大津市に損害賠償を求め、裁判で「自殺の真実」を明らかにしたい意向ですが、裁判でそれが明らかになるものでしょうか。

子どもの自殺は、成人のそれと同様、背景や動機ともに多様で、それをいじめの一語で括ることには違和感をおぼえます。私は自殺が唐突に起こるものではなく、それに至る長い道のりがあり、それがある直接動機と結びついて死に至るものであると考えます（次ページ参照）。そしてこの過程を吟味する中で、危機介入のヒントを見いだすことができると考えました。

自殺は究極的には個人の決断によるものなので予知することは極めて困難なことですが、できないわけではありません。自殺予防活動をお題目に終わらせないためにも、広く市民が自殺に関する基本的な知識と情報を得ることが大切です。これだけでも自殺のスティグマを除くことができます。これが隙間を埋める業《わざ》となるのです。

遺伝性の身体障害に長年苦しんできた女子高校生が、母親の些細《ささい》な言葉に腹を立て、その夜トイレで縊首《いしゅ》を試みましたが、ひもが切れて幸い事なきを得ました。彼女は学校から紹介されて私のところにやってきました。数回の面接で驚くほど回復しました。私はいつもどおりにキリスト教にはまったく触れずに相対していましたが、あるとき彼女は「これから教会に行って、牧師さんに、教会は自殺した人をゆるしてくれるかどうかを確かめてくる」という言葉を残して私のもとを去っていきました。

私たち教会は自殺予防の網の目をひとつでも結び加える役割があると言えます。

自殺への道のり

長岡利貞著『自殺予防と学校――事例に学ぶ』（ほんの森出版、2012）より

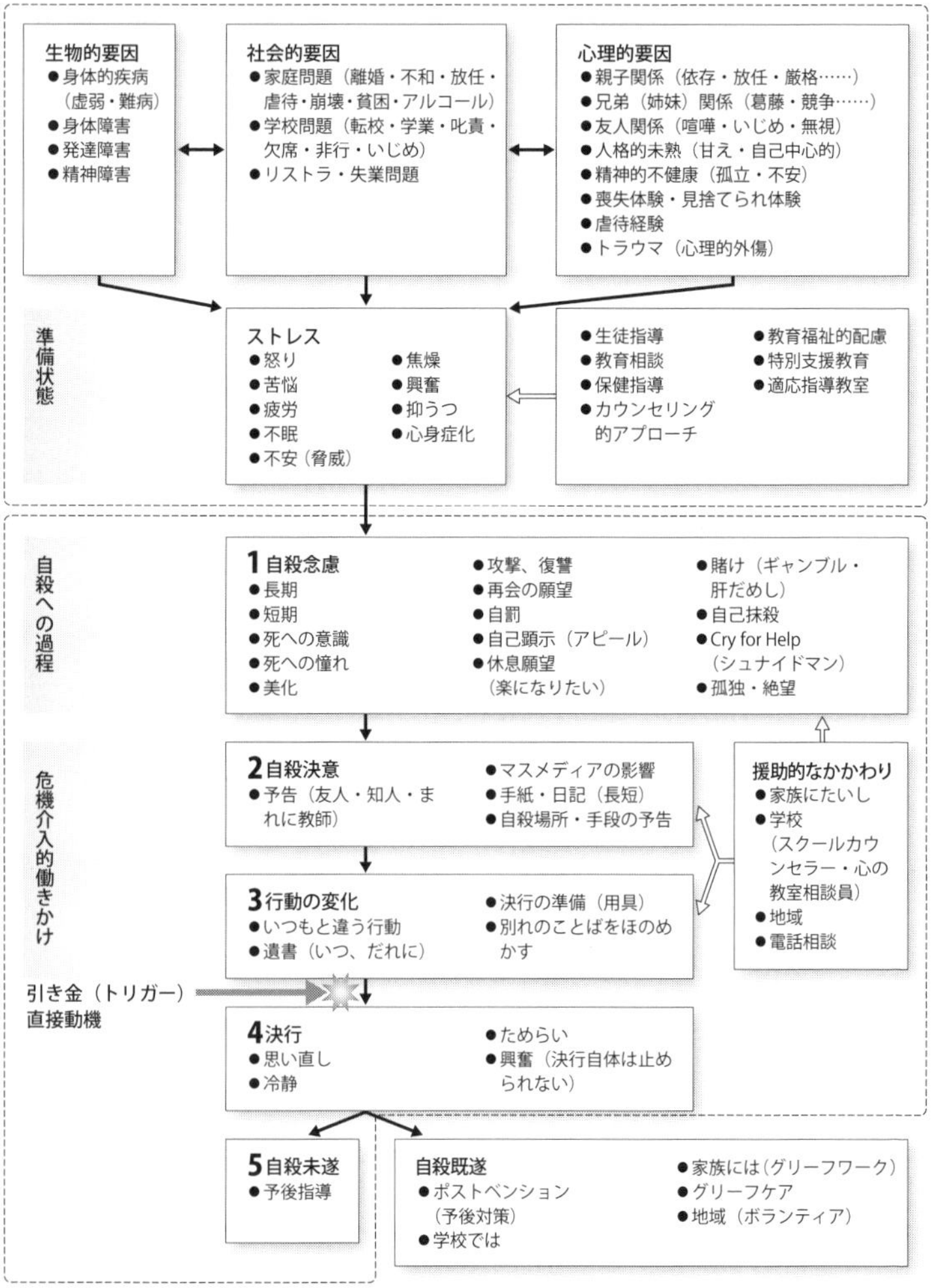

自死者の葬儀
――教会の現場から考える

斎藤友紀雄（さいとう　ゆきお）
日本自殺予防学会理事長、日本基督教団隠退教師

もっと丁寧に葬儀をできないのか

シェークスピアの『ハムレット』に登場する恋人役オフェリアは、入水してしまいます。フランスの象徴派の画家ルドンは、すみれの花に囲まれたオフェリアの入水の姿を描いています（写真次ページ）。この葬儀ではオフェリアの兄レアティーズが葬儀を司式する聖職者に対して「もっと丁寧に葬儀をしないのか！　くそ坊主め」と叫びます。同時代を生きた詩人で作家のジョン・ダンも自死者が迫害された時代に同じ内容の発言をしました。あの時代、シェーク

スピアもダンも自死者に対するむごい仕打ちに、勇気をもって抗議をしたのです。

もっとも最近になっても、ある牧師が、自死者の葬儀を礼拝堂ではなく、教会の物置で行ったという話を聞きました。いや、今日ですら教会での葬儀を断られることもしばしばあります。自死は信仰者失格とする認識は現代でも絶えません。

もう半世紀前ですが、筆者が尊敬するY牧師は娘を自死で亡くした直後、自ら牧師失格と考えたことがありました。しかし葬儀が終わって悄然《しょうぜん》と立ち尽くすY牧師にそっと声をかけた女性信徒がいました。「先生、どんなにかつらいお気持ちでいらっしゃるか」と。涙と共にこの言葉に慰められ励まされ、その後Y牧師は優れた説教者・牧会者としての生

「オフェリア」オディロン・ルドン（1840–1916）

涯を全うしました（『死の陰の谷を歩むとも——愛する者の死』日本キリスト教団出版局）。また、その後、同出版局刊行の『天水桶の深みにて——こころ病む者と共に生きて』（R・ボーレン著、加藤常昭訳）では、重いうつ病で自死した妻の葬儀で述べられた著者自身の説教が紹介されているなど、海外でも日本でも自死についての教会の認識は、変わりつつあります。

画期的な吉田論文

もっとも自死者の葬儀がどのように行われ、どのような葬儀のメッセージが語られたかについてはあまり知らされていません。ところが最近、精神保健医としてかつて精神保健行政の現場にいた吉田浩二氏（厚別福音キリスト教会牧師）が、「自殺者のキリスト教葬儀」（日本自殺予防学会編「自殺予防と危機介入」第三三巻第一号、二〇一三年）と題する論文を書きました。これはプロテスタント側からの、自死者の葬儀のあり方についての貴重な文献と思われますので、ここに紹介したいと思います。

まず吉田氏は、「自殺が発生してしまった際の対応も重要な自殺予防活動」であり、牧師が適切な対応を取ることが、残された人々の心のケアにつながり、自殺予防の一端にもなるとしています。そして、そのために、二つの原則を挙げています。

原則第一　自殺の事実を隠さない

自殺者の葬儀に際しては、親族の心情としては何とかその事実を覆い隠したいと思い、実際にそう依頼されることもあります。しかし吉田氏は、それは絶対に避けるべきだとします。第一の理由は、自殺の事実を覆い隠してしまうと、遺族はもちろん精神的に痛手を負った人に対するその後のケアが困難になるためです。たとえば、夫に自殺された妻が葬儀の次の週に教会の礼拝に来た際、自殺の事実が隠されていると、声をかける術がなくなります。自殺が双方に了解されていれば、「大変でしたね」と声をかけるだけで、無言で気持ちは通じ合うからです。第二の理由は、後に自殺の事実が明らかになったとき、隠した人に不信感を与えるからだとします。

ただ葬儀の場で「死因は自殺であった」と明言する必要はなく、「突然の出来事」「残念な結果」などの婉曲的な表現をすればよく、意図的に自殺の事実を覆い隠す「原因不明の突然死」という表現は避けるべきとしています。

原則第二 自殺の場所・方法については口にしない

自殺の場所や方法が公然となっていても、その事実を知る遺族にとって、聞かれることも答えることも非常に大きな苦痛だからです。もう一つの理由は、自殺の現場は悲惨な状況であり、明らかにするのは故人の尊厳を傷つけることになるからです。自殺に限らず事故死であれ、病死であれ、死の現場や臨終の状況は悲惨な状態であることが多く、吉田氏は詳細を話したり、また聞いたりするべきではないとします。

また場所や方法を知ることによって、故人に対して強い思慕の念を持つ人に、模倣による後追い自殺の危険が増すからです。かつて有名なアイドル歌手が高所からの墜落による自殺をしたことが報道されるや、若年者の間で同じ方法による自殺が相次いで発生してしまったことがあります。このように不特定多数の間でも起こるとすれば、近親者の間でも故人に対する強い思慕の念を持つ人が、後追い自殺する危険性があります。

吉田氏も指摘されるように、日本自殺予防学会では、自殺が流行した場合には、詳細な自殺手段の説明や現場の写真掲載などセンセーショナルな報道の自粛を求める声明を発表します。

葬儀で何を語るか

大切なことは葬儀で式辞を述べる者の自殺理解でしょう。長い間「自殺は赦されない大罪である」という理解が一般的でした。吉田氏は率直に「その確信に立つならば、自殺者の葬儀を行うことは心情的に困難」とします。ところが吉田氏が牧師になった直後、牧師として最初に洗礼を施した女性が自死、その方の葬儀をせざるをえなくなり、牧師として最初の葬儀となったと述懐されます。必死に祈りつつ葬儀の準備をし、その結果得たのは「神は、実に、そのひとり子をお与えになったほどに、世を愛された。それは御子を信じる者が、ひとりとして滅びることなく、永遠のいのちを持つためである」（新改訳　ヨハネの福音書3章16節）という御言葉でした。

「イエス・キリストを信じて亡くなった彼女の魂は、たとえその死因が自殺であったとしても、決して滅びることはなく、救いを得ているという確信」を持ち、そのように葬儀の説教で語ったと吉田氏は述懐しています。葬儀後の次の礼拝で、こころのケアを目的にグループでそれぞれの気持ちを語り合ったそうですが、怒りや悲しみの感情をみんなで共有できてよかったと報告しています。

宗教者は誰でも自死者や遺族の処遇に悩みます。最近出版された『キリスト教葬儀のこころ――愛する人をおくるために』（オリエンス宗教研究所）では、最近のカトリック教会の自死理解が反映されていますが、具体的に葬儀のあり方についてはほとんど触れていません。ただ一言、「神父様にご相談ください」と。しかし教派を問わず、聖職者自身も迷うところでしょう。

神が慰めてくださる！

最後に、前述のボーレンが自死した妻の葬儀の際に行った説教の一部を紹介しましょう。説教題は「神が慰めてくださる！」です。「私は〔妻の〕墓の傍らに立ちました。柩《ひつぎ》が沈められていくのを見つめていました。私の妻の柩です。そして、そのとき、その瞬間、電撃のように、ひとつの思いが貫きました。『ここに沈む者は、再び出てくる。閉じ込められて横たわるものは、やがて解き放たれる。（中略）私どもの主イエス・キリストの父、復活の日の慰めのなかにある神が、ほめたたえられますように』」（前掲書、227ページ）。

日本におけるクリスチャンの自殺予防研究者（編集部作成）

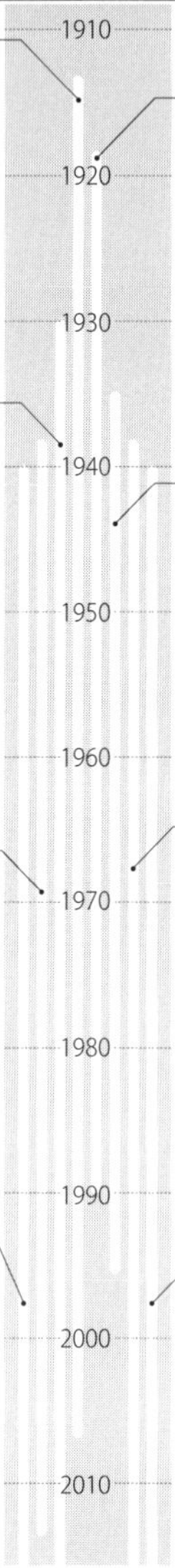

増田陸郎（1913-2007）
医師、目黒保健所長
1970年に「自殺予防行政研究会」を設置、日本自殺予防学会の基礎を築く。翌年創設された電話相談「いのちの電話」は、氏が所属していたカトリック医師会だけでなく、プロテスタントのキリスト者医科連盟所属の医師ら、また他の分野の学者たちが参画した。

石井完一郎（1919-1990）
京都大学教育学部教授
京都いのちの電話創立者の1人。一時期、京大の学生自殺が多く、大学カウンセラーという役目から、夜間自宅でも学生からの自殺の訴えを電話で受けた。著書に『青年の生と死との間――出会いへの軌跡から』（弘文堂 1979年）など。

長岡利貞（1930-）
元椙山女学園大学教授
愛知電話相談ネットワーク代表、元公立高校教師で愛知県の教育行政に携わる。県下で発生した自殺事例に徹底的に取り組み、生徒の自殺予防についての多くの論文・著作を著し、問題提起をした。著書に『自殺予防と学校　事例に学ぶ』（ほんの森出版 2012年）など。

稲村 博（1935-1996）
精神医学者
筑波大学と一橋大学で教壇に立つ。1973年には、いのちの電話の事業の一環として精神科等面接部門を創設。多くの自殺事例とその臨床経験から構築した『自殺学』（東京大学出版会 1977年）を執筆、この分野の古典とされている。

斎藤友紀雄（1936-）
牧師
「日本いのちの電話連盟」創設者（1977年）。日本自殺予防学会理事長、青少年健康センター会長、キリスト教カウンセリングセンター副理事長を務める。著書に『今、こころを考える』（日本キリスト教団出版局 2002年）、『自殺危機とそのケア』（2009年 キリスト新聞社）など。

平山正実（1938-2013）
精神科医、聖学院大学院教授
1973年、稲村博氏と共に「いのちの電話精神科等面接部門」に参画、一方で精神障害者や自死遺族支援の理論的支柱を築く。著書に『死生学とは何か』（日本評論社 1991年）、『自ら逝ったあなた、遺された私』（朝日新聞社 2004年）など。

白井徳満（1940-）
小児科医
東京いのちの電話理事、同理事長を歴任。

白井幸子（1940-）
ルーテル学院大学名誉教授
米国の優れた自殺学者E. シュナイドマンの『自殺とは何か』（誠信書房 1993年）など多くの自殺関連著作を翻訳、啓発的な役割を果たす。

松本寿昭（1940-）
社会学者、大妻女子大学名誉教授
過疎地における画期的な老人自殺の研究を実施、優れた著作を著す。『老年期の自殺に関する実証的研究』（多賀出版 1995年）、『日本における自殺死亡率の地域分布』（原人舎2008年）など。

牧師の自死——特殊な働きへの理解を

高橋克樹（たかはし　かつき）
東京・日本基督教団豊島岡教会牧師、日本聖書神学校教員

牧師を疲弊させているもの

牧師の自死は決して珍しくありません。私もこれまで何人かの牧師の自死に直接間接に遭遇してきました。自死らしいという伝聞を含めると、牧師という職種は自死率が高いようです。牧会は対人関係そのものですから、そこで生じたストレスが蓄積されるとバーンアウトしたり、うつ病も発症しやすくなります。人間は誰しも対人関係で現実対応力が摩耗してしまうと、自分の心の奥底へどんどん降りていって、自分を消すことが苦しみの解決になると思いこみがち

です。「笑顔が作り笑いのようだ」「仕事の失敗、単純ミスが多くなった」「気力が萎《な》え、能面のようで精彩がない」といった微妙な変化を牧師に感じたことはありませんか。希死念慮を抱いている牧師は意外と多く、そういう心の叫びをこれまで何人かの牧師たちから聞いてきました。

牧師がうつ傾向を示すと、その原因を個人の病理として片付ける傾向がいまだに教会にあることを危惧します。確かに気質として持ち合わせている場合もあるでしょう。しかし、教会という集団内に働く力動の視点で牧師の精神的な疲弊をみることが、牧師の自死を防止する上では

非常に大切です。なによりも心病む牧師を作りださない第一歩となります。

大きな教会、小さな教会の別なく、あらゆる集団の中には意見や価値観の違い、優先順位や目的の対立をめぐって、競い合う個人やグループが出現しやすいものです。多くの場合、このような対立は表面的には否定されますが、影になって潜在化していきます。牧師が教会運営や牧会を行っていくと、必ずこの課題に直面します。牧師の研修会などで精神衛生の話をすると、大きなストレスや陰鬱《いんうつ》とした体験をほぼ全員の牧師が経験していることに驚かされます。特に人格的な偏りのある人への対応で苦慮し、それに教会内の力動が共振したときに教会全体を巻き込む問題になるようです。

自分の教会の牧師が自死したら

私が牧師になりたてのころ、友人の牧師の自死に直面しました。彼は神学校を出て教会に赴任しましたが、一年目の年末に体調を崩して入院し、退職しました。ただ、結婚前提の方もいて再起を目指していました。当たり前のことですが、自死の真実は不明です。ご両親の落胆は大きく、慰める言葉もない状態でした。その後ご両親とは、手紙や電話でのやり取りを断続的にするようになったのですが、時を経て母親は受洗をしました。我が子を生かした神と共に歩む決意が、悲しみの中を通り抜けることによって促されたのです。しかし、その牧師の自死は教会にとっては大きな痛みとなりました。葬儀がその教会で行われず、一人の牧師の死を受け入れていく重要な喪の作業が教会員の間でなされなかったからです。

教会は神の御業が働く器ですから、癒やしの機能が働く場です。が、同時にこの世の価値観が優勢になると、集団の力動が働きます。別に悪人がいるわけではないのです。人間として抱えている不全感や満たされない思いが、人間関係の中に投影されて、牧師の牧会を難しくするのです。たとえば、親との未解決な課題を牧師に転移させたり、満たされない愛情の不足を怒りとして牧師にぶつけることが、実は無意識に行われているのが教会の姿でもあるのです。こうした人の隠された重荷に向き合うことも牧会なのです。

不幸にして牧師の自死が起こると、「信仰を持っているのに、なぜ死を選んだのか」という否定的な反応が教会内に必ず起こります。これは自責感を回避するための正当化、合理化なのですが、それでは一人の死から謙虚に学ぶことができなくなります。確かに教会員は牧師の突然の死によって、関係を引き裂かれたように感じるので、どうしようもない怒りや見捨てられ感、罪責感のやり場に困ります。勢い、その矛先は自死をした牧師に向けられたりもします。今でも牧師の自死が隠されるのは、信仰の敗北のように受け取られやすく、自死の事実でその人の人生を最終評価しがちな教会員への影響を考慮してのことでしょう。

亡き牧師との関係回復を

けれども、万が一牧師が自死してしまったときは、その事実を隠したりごまかしたりしない方がいいでしょう。また、牧師個人の精神的な病のせいにして、回避的な対応をすべきでもありません。まず、原因の究明よりも、信仰共同体としての教会が今は亡き牧師との関係を回復する営みへと招かれているという自覚に立つところからスタートするべきでしょう。それが遺された者にとっての死者に対する責務なのです。

自死という事実は変えられませんが、教会員がそれをどう受けとめて理解するのか。そもそもイエスという一人の死と復活の出来事が、私たちを真実に生かしている恵みの源です。ですから、牧師の死という喪失を怒りや非難の道具としないで、その死を自分の一部として組み込むならば、遺された者は死者から新しい命を受け継ぐことになります。仮に牧師が精神的な病で弱さを抱えていたとしても、その弱さを用いて神が御業を現した人生をたどることができれば、一人の死が多くの実を結ぶことになるのではないでしょうか。

牧師の突然の死は、教会内にさまざまな力動をもたらすので、次のことに留意したいものです。まず、自死を事実として受け止めるために、事実関係を整理して伝えることです。また、葬儀を教会で行うことを通して喪の作業が円滑に進むように配慮すべきです。初期には驚愕《きょうがく》から始まって否認、*離人感が生じたり、正当化や抑うつ感、怒りなど悲嘆反応も出るので、そうした情報を教会員に提供して、自死という緊急事態では当然の感情反応であることを理解してもらいます。もし、教会内に希死念慮を持つ方がいるならば早急に専門的な援助をすべきです。牧師という支えを失って困惑しているかもしれないし、自死に共振する可能性もあるからです。そして、継続的な自死の予防を教会内で行っていくのですが、自死をマイナスに評価せずに「苦しんでいるのは一人だけではない」というメッセージを基調にして、話し合いなどをしていくのがよいでしょう。

牧師はサーバント・リーダー

「わたしは、だれに対しても自由な者ですが、すべての人の奴隷になりました」（コリントの信徒への手紙一9章19節）というパウロの言葉は、牧師像を的確に映し出しています。このような自覚を持ったパウロは、さしずめサーバント・リーダーということができます。サーバント・リーダーとは、他者への奉仕を通して関係性を築き、そこに生じる信頼に基づいてリーダーシップを発揮する指導者のことです。そういう立場から教会員と教会に関わろうとするので教

*自分が自分でないように思える、現実感がない感覚

会内に思わぬ力動が働いて、侮辱されたり、ののしられても僕《しもべ》として仕えるのです。パウロが「ののしられては優しい言葉を返しています」（同4章13節）と語っているように、ストレスが生じても何事にも受容的に関わるのです。

近年、教会の働きの中で憔悴《しょうすい》しきって転任していく牧師が多くなりました。牧師個人の力量のなさを指摘する向きもあります。けれども、教会内に働く力動を見極めながら牧師と一緒に牧会的配慮を行ってくれる教会員の方も少なくなったような気がしてならないのです。教会の論議は正論の意見が展開されがちですが、実は表面的な理屈の裏に、個人的信念や教会内での役割から隠された思いが

潜んでいることがしばしばあります。そういうときも牧師は牧会的な視点でそれらの発言や行動を受け止め、いかに教会形成をしていくべきかを考えているのです。そういう牧師の立ち位置が教会員から少しでも配慮されていると実感できたら、心を病み、自死する牧師は減るのではないでしょうか。

私は四十歳のときに解離性大動脈瘤破裂で生死をさまよい、牧会から一時期離れました。そのとき精神的に支えてくれたのは、以前仕えていた教会の方々でした。その支えが、今の私の教会に対する基本的信頼感を保障しています。神の摂理によって牧師も教会員もある時期、同じ教会で「一つの部分が苦しめば、すべての部分が共に苦しむ」（同12章26節）者同士とされたのです。苦しみは一人だけで背負うならば重荷です。しかし、共に担うならば苦しみや傷から意味が生まれてきます。それは人が人になっていくために、神が用意した教会の業なのではないでしょうか。

読者からの投書

『信徒の友』に寄せられた信徒からの手紙

教会の牧師が、牧師職を辞任することになった。理由は、何年も前からうつ病にかかり、もうこれ以上仕事を続けていくのが無理とのこと。さぞつらかったであろう。神さまとよく祈り、心療内科の主治医とも相談した上での、苦渋の決断だったにちがいない。ここはひとつ、牧師の苦しみをくみ取ってあげて、「先生、10年間ありがとうございました。教会の留守は我々に任せて、安心してゆっくり心も体も休めてください」と、あたたかく見送ろうではないか。

だが、クリスチャンの中にも、うつに対する理解がない者がいることも、悲しい現実である。牧師の辞任に関する臨時教会総会でのことだ。ある年輩の信徒が、いかにも牧師が仕事から逃避しているかのような質問をして、かえって牧師を苦しめ追い詰めていたように私は感じた。

うつは、そんな生半可な病気ではない。主の恵みが人知では到底計り知ることのできないのと同様、うつの苦しみもかかった者でなければ、とうてい理解できないのである。心が風邪をひいた程度ならまだ軽い方だ。悪化すると、生きていることさえ、とてもつらくなる。それほど深刻な病気なのである。

かく言う私もうつにかかり、そのような経験をしてきた。そして主治医からは、「もう２度とサラリーマンに戻っちゃいけないよ。さもないと病状が悪化する」と言われている。うつは目には見えない。だから、なかなかわかってもらえない。うつに対する正しい理解が広がってほしいと私は願っている。

高齢者の自殺
――それをなくすため私たちにできること

松本寿昭（まつもと　としあき）
大妻女子大学名誉教授、日本自殺予防学会常務理事

自殺をどのように理解すべきか

今日、日本では無数とも言える「老年期の自殺」、「老人の自殺」、「高齢者の自殺」と題した論文・著書が発行されています。それらを見て不思議に思うことがあります。そこには、「自殺とは何か」についての定義がなく、自殺について暗黙の了解のもとでまとめているものが多く、一般読者にはなかなか理解できないのではないかと思われます。

そこで、本稿のタイトルにあるように「高齢者の自殺」についてまとめるよう編集部から依

頼されたのを機に、限られた字数ですが、まず「自殺とは何か」を明らかにしたいと思います。本稿で高齢者とは六〇歳代以上とします。

自殺とは次のように定義できます。「自分を殺すこと、つまり字義的には自己殺人ということになるが、これだけでは不十分であることはあきらかである。自殺を定義するためには、自らを殺す行為であることのほかに、自分自身で死ぬ意図をもっていたという条件を満たさねばならない。ところが、この死ぬ意図（希死念慮）にも、顕在的なものと、潜在的なものとがあることを忘れるべきではない。人は、『自分の心理は自分が最もよく知っている』と考えがちであるが、意外に自分の心理を自分が知らないこともありうるのである」[*1]。

人生を全うし病気や老衰などで家族に見守られながら死に至ることはよくあることですが、高齢者とはいえ、人生半ばにして自分の意志で死に至る自殺は避けるべきであり、なくすべきです。しかし、今日では以下のように多くの高齢者が自殺に至っています。なぜでしょうか。

日本の高齢者の自殺の実態

統計から見た日本の高齢者の自殺は、一九九八（平成一〇）年に年間の自殺者総数がその前年より八千人増加して三万人を越え、この傾向が二〇一一（平成二三）年までの一四年間続きました。この間の自殺者総数と、そのうちの高齢者の数、それが全体に占める割合はおよそ以下の通りです。

1998年 総数	3万2863人
うち高齢者	1万1494人＝35・0％
2008年 総数	3万2249人
うち高齢者	1万1793人＝36・6％
2010年 総数	3万1690人
うち高齢者	1万1982人＝37・8％
2012年 総数	2万7858人
うち高齢者	1万1048人＝39・7％

このように自殺者総数は二〇一二（平成二四）年に二万人台まで減少しましたが、高齢者の自殺は減っていません。

ところで、世界保健機構（ＷＨＯ）による世界の主要国における自殺の傾向を二〇〇九（平成二一）年で見ると、日本の[*2]自殺率は、男女とも高い方からハンガリー、ロシアに次いで第三位。高齢者の自殺率も男女とも高い方から第三位です。しかも、自殺者総数の四割弱が高齢者の自殺という、この傾向は他国では見られない日本の特徴であり、深刻な社会問題です。

自殺者は、全年齢では男性が女性の約三倍ですが、高齢者では女性の増加が目立ちます。特に、日本の七十五歳以上の女性の自殺率が世界一高いことは忘れてはならない点です。これには、いろいろな理由が考えられます。例えば、一九七〇年代以降の急激な社会構造の変化、なかでも核家族化による高齢者世帯が増加したことです。

また、女性の平均寿命が世界第一位にまで伸びたことなどから、近年では高齢女性の孤立や孤独の問題が深刻です。

また、日本では都市と農村とで自殺率に大差はないとする考え方があるようですが、それは間違いです。自殺者数では人口が多い都市に多くなるのは当然ですが、自殺率で換算しますと明らかに農村部での自殺率のほうが、高くなっています。しかも、県庁所在地から離れた地域ほど自殺率は高くなっています。これらの地域は各県の県境で、ほとんどが過疎地域です。*3
こうした地域に高齢者の自殺が、

より多くなっています。

これには、いくつかの理由が考えられます。例えば一九七〇年代以降、農村における生活の都市化と同時に過疎化が急速に進みました。若者の都市などへの流出によって人口減少と高齢化率の上昇が顕著になり、地域としてのまとまり、統合力が弱まり、連帯や助け合いのための人的資源が不足するようになったのです。さらにこれらの問題を解決するための施策によって、[*4]地方の財政力指数の低下が深刻になったことも一因と捉えられています。

高齢者の自殺の手段は、確実性のある縊首《いしゅ》（首つり）によるものが圧倒的に多く、次いで女性に多いのが入水です。さらに、都市では、飛び降り、焼死、飛び込みなどです。

自殺の場所は、自宅屋内（寝室など）、自宅の物置、さらに農村部では裏山、都市部では、ビルからの飛び降り、電車などへの飛び込みなどが主要なものです。

自殺をする時間は、〇時～六時の深夜、一二時～一八時の午後の時間帯など、家族の目が行き届きにくい時間帯です。

原因は、多い順から健康問題、経済・生活面の問題、家庭問題、その他（厭世、孤独感など）です。

高齢者の危機、その理解と援助

私たち人間は、成人期（中年）から老年期（高齢者）にさしかかるころ、老いの自覚をはじめさまざまな危機に遭遇します。例えば、愛する家族を失うこと、健康を害し入院し、家族の介護が必要となることなど、予期せぬ危機に数多く見舞われます。

前述の自殺の原因として挙げた諸事項は、すべてその人にとって危機です。これらの危機を克服し、解決する方法を持ち合わせているか否かが重要な鍵となります。しかも、その解決方法は危機に直面してからでは遅すぎます。成人期、中年期、青年期など若いころから発達課題[*5]を習得していくことが何より重要であり、これこそが危機に直面したときにそれを克服していく力となるのです。これらは、農村部における高齢者自殺の長年の実態調査から学んだ私の知見です。

高齢者の自殺をなくすため私たちにできること、その最も大切なことは——高齢者の自殺に限りませんが——私たち一人ひとりが高齢者の自殺について実態を正しく理解し、関心を持つことです。そして、前述した自殺者が抱える危機をいくらかでも取り除くため自分にできることをしていくことです。このような実践が広まれば、自殺はなくなります。ともかく、事実を知ることです。その事実を知ると、善良な人間なら何かをせずにはいられなくなるはずです。

具体例を挙げれば、身近な家族や地域社会におけるこころの支え合いが大切です。通常、自殺は一人のときに行います。誰かと一緒のときは——まれに複数での自殺がありますが——自殺はできません。特に、高齢者になると家庭での生活が中心となります。従って、普段から家庭内での信頼関係やこころの支え合いが必要であり、地域にあっても友人との談笑の場があり、訪ねて来る人、訪ねて行く人や場があることも大切になります。都市部ではこれらが次第に少なくなり、孤独に陥りやすいことが問題視されています。

＊1 大原健士郎、一九八五『老年精神医学』、VOL・2 NO・1、「老人の自殺と予防」
＊2 自殺者数を人口で割り、10万倍した値
＊3 人口流出により、消防など地域共同体の社会サービスが供給できない状況に陥った地域
＊4 地方公共団体の財政力を示す指標。具体的には、基準財政収入額を基準財政需要額で除した数値
＊5 人間が健全で幸福な発達をとげるために各発達段階で達成しておかなければならない課題

平成24年度都道府県別自殺者数および自殺率

自殺死亡率は、人口10万人あたりの自殺者数を示す。( )内は自殺者人数

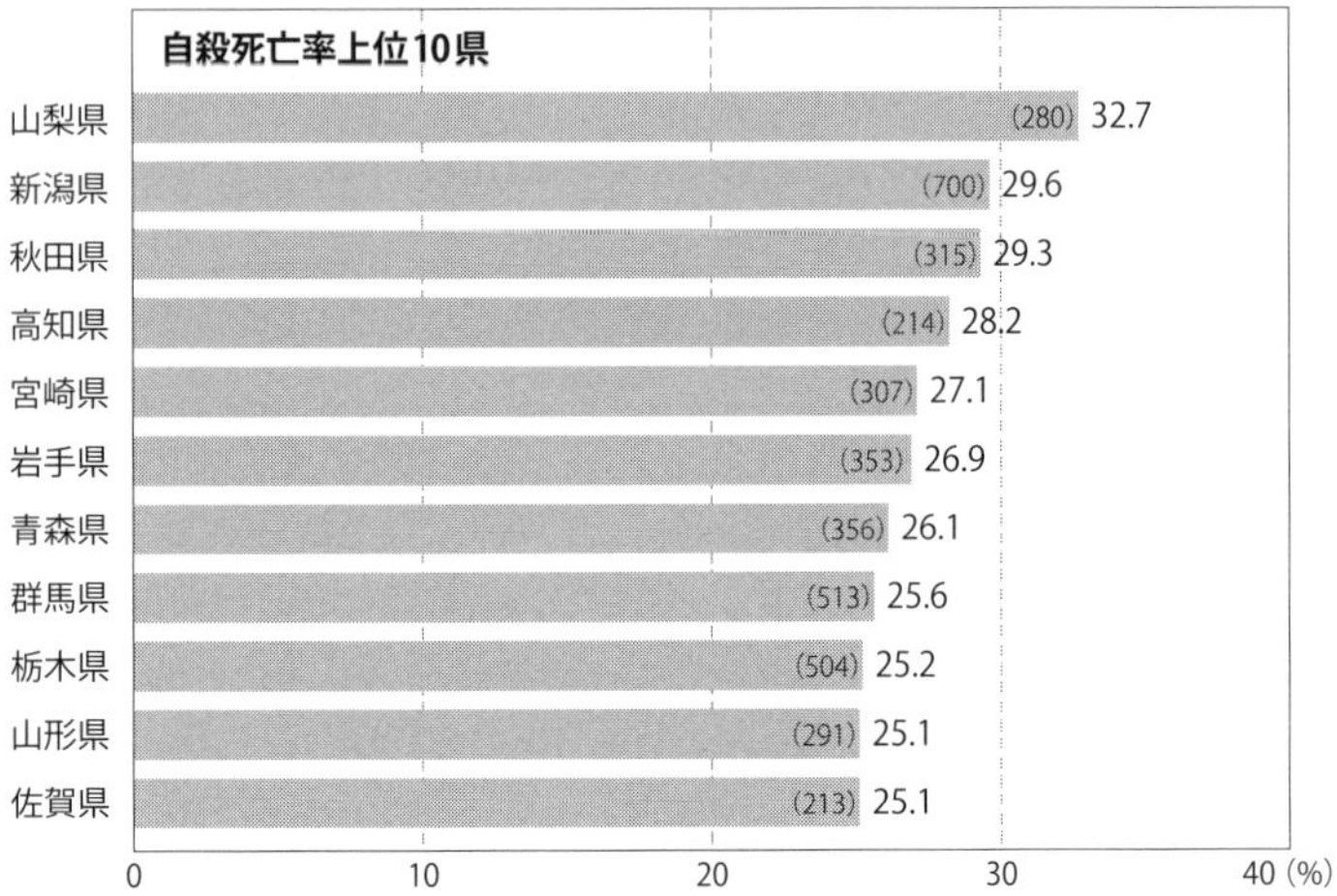

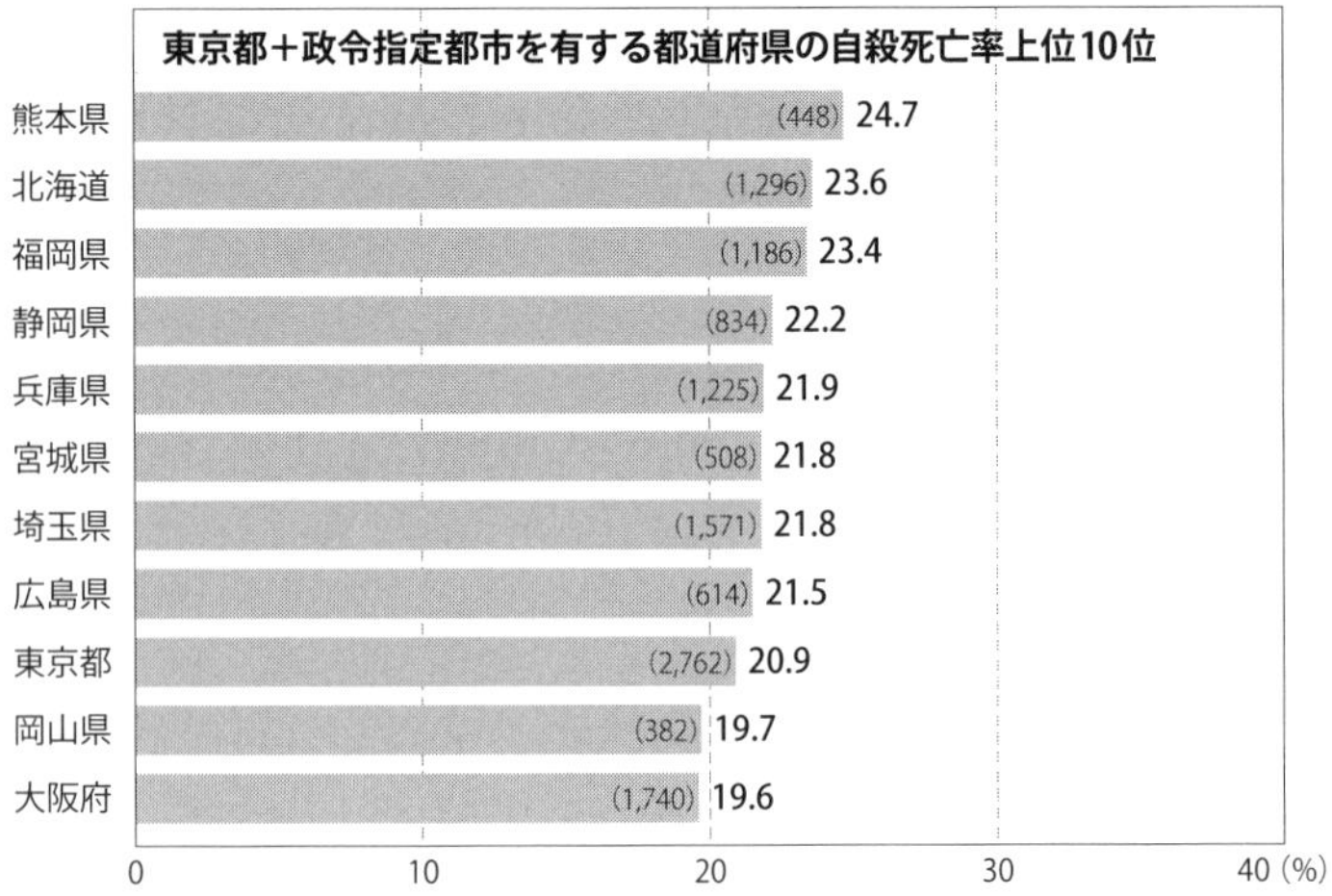

「内閣府共生社会政策統括官『自殺対策』平成24年の状況」より編集部が作成
(http://www8.cao.go.jp/jisatsutaisaku/toukei/h24.html)

隣にいて友だちになること

——自殺したい思いに寄り添う

西原由記子（にしはら　ゆきこ）
特定非営利活動法人 国際ビフレンダーズ
自殺防止センター創設者

「自殺防止センター」という名称

私が自殺防止の活動を電話相談と面談を軸に始めたのは一九七八年のことです。夫が牧師として仕えていた大阪の島之内教会に来ていた青年が、ある日自殺したのです。彼の死を無駄にしてはならないという思いに駆られました。当時私は「いのちの電話」で電話相談のボランティアをしていたのですが、「直接相談者と会って心を通い合わせたい」という思いがふくらんでいたころでもありました。言葉にできないつらさを周りの者が察知して、苦しんでいる人のそばに行き、その人の心の叫びを受け取ることが何よりも重要なことだとわかったのです。

一九七八年一月二十日午前零時、電話機三台を用意して活動はスタートしました。ボランティアと交代で応対し、三カ月後の四月には自殺の恐れがあると思われる電話が一〇八件にも上りました。相談者にとって電話相談の良い点は、どこからでもできること、名乗る必要がなく、相談内容も絶対秘密で守られることです。

「自殺防止センター」という命名には一悶着ありました。今よりもっと「自殺」という言葉を口にしにくかった時代です。抵抗を示し、もっと柔らかく温かい名前がいいと言ったボランティアもいましたし、できればそれは使いたくないというのが私の本音でもありました。しかし、名称に目的をはっきりうたうことが重要ではないかという意見に方向性が定まりました。

実際、名称そのものズバリの看板を掲げたことで、相談者もSOSサインを出しやすかったと思います。「死にたいほどつらくなっている私はここに電話してもいいのだ」という思いで電話をしてくることが後になってわかったのです。

相談する人もされる人も「自殺防止」のための相談機関であることをはっきり認識することができました。

「聞く」ことは、どうして難しいのか

私たちの活動は電話相談が中心ですが、自殺を実行しそうな人からの電話には、可能ならセンターまで来てもらうか、あるいはその人の許可を得てそこへ急行することもあります。

面会にこぎつけるには、その前段階である電話での対話が当然のことながら鍵になります。相手が苦しい気持ちを言葉にして話しだすまで、こちらは受け取る側としての気持ちを整えることが重要です。長い沈黙も重要です。相手の気持ちを先取りせず、ゆっくり静かに「聞く」ことが大切だからです。電話相談の訓練を受けた者でも、落ち着いて集中して聞くことは相当のエネルギーを要します。耳を傾けながらも、どう対応したらよいだろうかと考えてしまったり、相手に役に立つだろうと自分の考えを提案したくなったりしがちです。「聞く」ということがどんなに大切かを常に自分の心に言い聞かせておかないと、相手の力にはならないことを、私はこれまでの経験から学びました。

聖書は「初めに言《ことば》があった。言は神と共にあった。言は神であった」（ヨハネによる福音書1章1節）とあり、「言葉」を大切にするよう促しています。その言葉に励まされて生きている私たちではないでしょうか。苦しくて死にそうになりながら、電話を通して語られるひとつ

ひとつの言葉を大事に聴こうと努力してきました。言葉は人に生きる力を与え、人と人とが心を通じさせる力を私たちに注いでくれています。私を励まし育ててくれたのは電話の向こうの人たちです。

電話相談と緊急出動の実際

私たちのセンターの相談受付が夜間なのは、死にたくなるほどつらいとき、夜中になるほど孤独感やつらさを感じやすくなるからです。また行政などのほかの相談機関・病院が閉まり、友人や家族なども寝ている、援助が得にくい時間帯をカバーする意図からです。訓練を受けたボランティアの相談員と共に活動にあたっており、電話相談には複数で対応しています。切迫した電話のときには話を聞いている相談員を、隣にいるもうひとりの相談員がしっかりサポートしなければなりません。他の相談員が電話を横で聞いてくれているので、直接応対している相談員も安心して落ち着いて話を聞くことができるのです。

自殺を考えるほど悩んで、「死に場所も決めた」という電話もあります。言葉の端々から伝わってくるのは揺るがない死への決意です。「死なないで！」と絶叫したくなる私ですが、相手のそんな気持ちをも大切にして、ゆっくりと穏やかに応答しなければなりません。

長い沈黙は相手の様子がわからないので受け手の不安が高まってきますが、あえてこちらから言葉をかけることはしないで沈黙を守ります。ある電話相談でのことです。しばらくして「怖いの……」という言葉が深いため息と共に吐かれました。何が怖いのかを聞きたくなるのですが、沈黙を守りました。しばらくして「私……バカだよね……死のうと思ってここまで来たのに……」。「『死のうと思ってここまで来た』とおっしゃいましたが、今……どこですか？」と初めて恐る恐る尋ねました。「ここね〇〇〇なの。下を見たら恐くなったの……死ぬのも勇気がいるのね？」その人が言った場所がつかめたので、「待っていてくださいね。私運転してくれる人と行きますから……」ともう一人のボランティアに受話器を手渡しながら、「電話はつながっていますから……お話ししてくださっていいですよ」と言って、車を走らせて現場に向かいました。

案の定、そこは奥深い山の人造湖。すぐにその人を見つけ、近寄ってその目をしっかり見て心を通じ合わせ、ほっとしました。自殺は決行されなかったのです。

私たちはその人から多くのことを学びました。いったん自殺を決意した人が、それでも電話をかけてくるのは誰かに気持ちをわかってほしいからなのです。人間は最後まで誰かとつながっていたい、「自殺する」と誰かに伝えて自分の命の存在をわかってもらいたいのです。私たちの役割はそれに応えることにあるのです。

こころを通わせる隣人に

一九八三年、自殺防止センターは国際的な自殺防止機関である国際ビフレンダーズに加盟しました。ビフレンドとはbefriendという文字どおり、友人になることで、ビフレンダーズ（相談員）の原則のひとつは自殺を考えている人に精神的な支援を提供することで、「ビフレンディング」、すなわち友だちの役割を担って、ある一定期間支え続けます。ビフレンディングには、分かち合えないものを分かち合い、担えないものを担い、受け入れられない苦しい状況の中にいるコーラー（相談者）と共にいるよう願い続ける姿勢が求められるのです。

ある人が遠くからセンターにやって来たときの話です。顔を合わせた途端、その人は泣きだしてしまいました。泣き止むのを待っていましたが、涙が止まりません。「遠くからよくおいでくださいましたね」と声をかけただけで、その人はさらに大きな声で泣きじゃくりました。その方の気持ちが落ち着くまで、黙ってその隣に座っていました。一時間以上も泣き続けていたその人は、ようやく大きなため息とともに小さな声で「ごめんなさい」とハンカチを顔から放して、私の顔を見てくれました。「いいんですよ」と相手と目を合わせながら答えると、そばにいた相談員たちも安心して、和やかな雰囲気になりました。

このように電話でなく、会って話を聞いてほしいとセンターに来る人はあまり多くはありませんが、「直接会ってお話しできてよかった」と言ってくださる人がいるとほっとし、うれしくなります。ある人は、一時間ほど話すとにこやかな笑顔になりました。そして白い瓶を出して、「ここで誰にも会えなかったら、山に入っていって、これで死のうと思っていました」と語ってくれました。自分の心に秘めて誰にも言わなかったことをセンターの相談員を信じて話してくれたのです。「死にたい」と自分の気持ちを吐き出したことで、胸の大きな塊も溶けて心が軽くなって帰っていったのでした。

人はなぜ死にたくなるのでしょうか。その理由はひとりひとり異なります。しかし、死にたくなる心の叫びを誰かに無条件・無批判で受け止めてもらえたなら、自殺はしたくなくなるのです。受け止める側が相手の話に心を傾けて聞くとき、心が通じ合って、その人の胸の大きな塊は溶けてしまうのです。このように人間はきちんと向き合うことで融和します。そこに自殺を避ける鍵があると信じています。

◇執筆者の西原由記子氏はこの原稿を書き終えてすぐの二〇一四年二月七日に亡くなられました。

「自殺したい」と思ったときの相談先

平成24年6月総務省行政評価局「自殺予防対策に関する行政評価・監視結果報告書」より

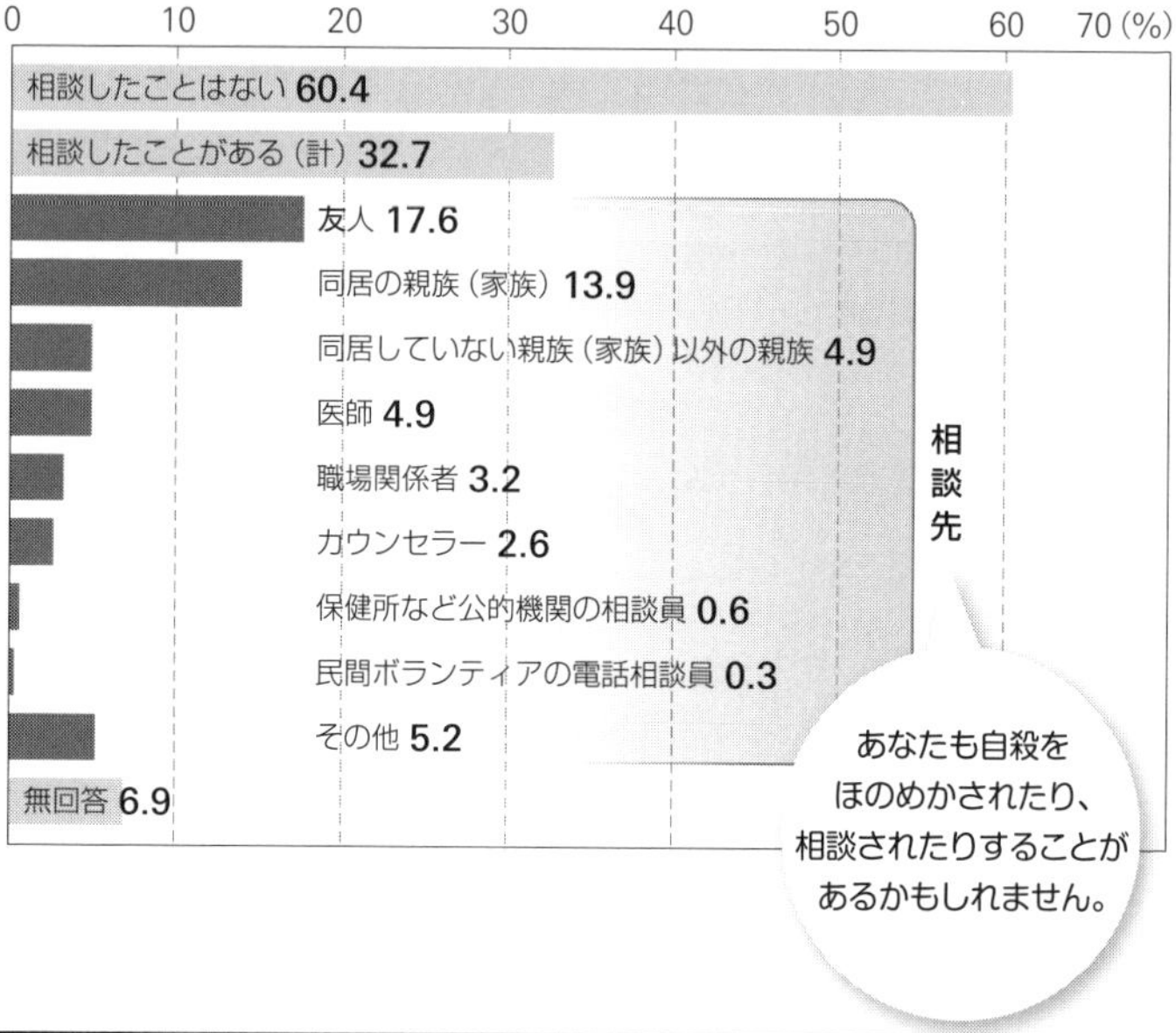

「自殺したい」と打ち明けられたら

髙橋祥友『自殺のポストベンション』より抜粋

すべきこと

1. 真剣に耳を傾ける
2. 感情を理解、受けとめる
3. 沈黙に耐える
4. 共感する
5. 治療をすすめる

してはならないこと

1. 話をそらす
2. 一方的に話す
3. 常識を述べ、説得する
4. 安易に解決策を示す
5. 励ましをする

第3章

死にたい人と自死遺族と自死者のために

自死遺族に寄り添い、自殺予防のゲートキーパーに

本シリーズは、教会や信徒が自死とどう向き合うべきなのかをテーマに二〇一二年度は「自死遺族支援」、二〇一三年度は「自殺予防」について連載してきました。全二四回をもって終了となる今号で、監修者が、自殺に対しての私たちの在り方を再確認します。

斎藤友紀雄（さいとう ゆきお）
日本自殺予防学会理事長、日本基督教団隠退教師

自死遺族支援が自殺予防を進化させた

当シリーズの監修を筆者と共に担ってきた精神科医の平山正実先生が、残念なことに二〇一三年の十二月十八日に天に召されました。当シリーズの終了となる本号では平山先生に

まとめの執筆をしていただく予定でしたが、かなわぬこととなりました。

　平山先生は精神疾患を持つ患者たちの地域での自立も視野に入れた総合的な精神保健医療の働きを担ってきましたが、晩年の活動の中心は自死遺族支援でした。以前、筆者がある雑誌で米国自殺予防学会の自死遺族グループによる「自死遺族権利宣言」を紹介したところ、平山先生がこれに強く共感して、彼が設立した認定ＮＰＯ法人グリーフケア・サポートプラザで、自死および自死者、自死遺族への差別偏見の是正を目指して「自死者の名誉回復宣言」を公表しました。

　それは、「わたくしたちは、自死をいたずらに推奨し、美化したりは決していたしません」という一文がありつつも、自死者はまじめに生きてきた人たちで、自死せざるをえない状況に追い込まれた、自死者に対する差別偏見に反対し、自死者の思いに寄り添うというものです。

　この宣言の趣旨は、自死者を裁く視点ではなく、

故平山正実氏

希死念慮のある人をケアの対象として、自殺を社会全体の責任として認識すべきというものです。平山先生はこの宣言の趣旨に早くから言及しており、こうした認識は日本政府の自殺対策にも大きな影響を与えたと言ってもよいでしょう。政府が二〇〇七年に制定した「自殺総合対策大綱」では、自死を個人の責任ではなく「追い込まれた末の死」と明確に定義しています。

不名誉のそしりこそが自殺予防の大きな妨げ

最近見直しされた前述の大綱では、さらに「誰も自殺に追い込まれることのない社会の実現」を目指すことが明記されています。たまたまと言いましょうか、国際自殺予防学会の二〇一三年の国際標語は「不名誉のそしりこそが自殺予防の大きな妨げ」でした。従来の自殺予防活動は、うつ病対策や相談事業の拡充、啓発などが中心でしたが、自殺についての誤解や偏見こそが自殺予防を妨げているとの認識から、上記の標語が選ばれたのです。

年間三万人以上という高水準が一〇年以上続いていたわが国の自殺者数が一昨年には三万を切り、今年もその数はさらに減少し、東日本大震災前の二〇一〇年から連続四年も下降気味です。上記標語「不名誉のそしり」の「不名誉」の原語は stigma（スティグマ）で、汚名、偏見、誤解を意味します。筆者は自殺の減少理由の一つを、誤った自殺理解が是正されてきたことにあると認識しています。

病院の救急救命センターでは、かつては未遂者の外科的処置と服毒薬物の胃洗浄がすべてといった実態が多かったようですが、最近は横浜市立大学医学部救急救命センターのように、常時精神科医を待機させて未遂者をケアするシステムを構築する試みが広がっています。今日、自殺予防の理念や方法は大きく変わりつつあります。

誰もが自殺予防に関われる

英語圏では最近、「自殺予防はみんなの仕事」という標語が使われていますが、日本での政策もほぼ同じ認識で展開されています。国は自殺対策基本法や上記大綱を制定しましたが、さらに地域レベルの実践的な取り組みを中心とする自殺対策への転換が必要です。これを担うのは幅広い市民であり、教会もすぐれたゲートキーパーです。ゲートキーパーとは、職場・学校や家庭などで自殺の兆候がみられる人に対し、その悩みを軽減するために声をかけて話を聞いたり、専門家を紹介したりする役割を担う人のことです。

本誌の当シリーズでも教会や信徒がそのような役割を果たせないかとの意図がありました。ここで二〇一三年度の連載（第2章）を振り返ってみましょう。

月乃光司さんは、「教会は弱音を吐ける場に」と提言します。それは〝弱さ〟こそが共感を呼び、人に作用する力があるからと言います。死ぬのは卑怯とか、自殺は大罪といった説得などしていては、ゲートキーパーは自殺を防げないのです。月乃さんはアルコール依存に悩み、その後自助グループの仲間に導かれて教会につながるのですが、どちらにも苦しさや弱さを認め、分かち合える仲間がいたのが幸いでした。

一方、西間木公孝牧師（島根・横田相愛教会）は自死遺族や自殺を考えている人の支援に関わる中で、「教会は最後の逃れ場」であることを体験してきたと言います。自ら地域の精神保健ボランティアグループの代表を務め、地域に開かれた教会であるよう教会員ともども努力している様子がうかがえます。教会は地域の問題を共有する意味で、ゲートキーパーなのです。

また124ページの精神科医の石丸昌彦先生は、自殺予防における対話の基本を紹介しています。こ

斎藤友紀雄氏

れはカナダの自殺予防グループがまとめたものです。①声をかけ、②話を聴き、③必要な支援につなげ、④見守る、以上の四つで、極めて簡潔です。石丸先生は、これらが押しつけにならないように、祈りと信仰を確かめつつ、傾聴に徹することだとまとめています。「必要な言葉はそのタイミングと共に、主が示してくださるでしょう」と結んでいます。

私たちキリスト者が自死遺族に寄り添い、また率先して自殺予防のゲートキーパーの役割を果たしていくことに、本書が少しでも寄与できたのなら本望です。

ストップ！自殺

若者よ死にたもうことなかれ

自殺予防イベントレポート

年間自殺者数がようやく三万人を切った日本社会だが、若者の自殺者数は増加を続けている。内閣府の平成二十五年版自殺対策白書によれば、二十歳〜三十九歳の死因の第一位は自殺である。こうした中「ストップ！自殺　〜若者よ死にたもうことなかれ」が、九月十日の世界自殺予防デーを前にした二〇一三年九月一日に東京・ポレポレ坐で開催された。（『信徒の友』編集部取材）

主催者の月乃光司さん
（新潟・日本基督教団東中通教会員）

主催したのは、「シリーズ　自死を考える」（132ページ）や『こころの友』（二〇一三年二月号インタビュー記事）にも登場した月乃《つきの》光司《こうじ》さん（四十八歳、当時）。信徒であり、自身

も薬物乱用などによる自殺未遂の体験を持つ月乃さんが主催する同イベントは、登壇者が自殺未遂の経験談を語る様子をインターネットで中継し注目を集めてきた。

月乃さんはその趣旨を次のように語る。「いまでも中継を見ながら本当に死にたいと思っている方はいっぱいいる。そういう方々に何かメッセージが届けばいいなと思って」。中継動画のページは、自助グループや支援団体のサイトにリンクしている。自殺を考える人が孤独な状態を脱

左から順に、月乃さん、前田さん、由井さん、黒澤さん、精神科医の香山リカさん、司会で映画監督の松本卓也さん

して支援者・団体につながるチャンスを、少しでも作るためだ。

特に「若者」を主題にした今回は二部構成で行われた。第一部は、三人の自殺未遂者による経験談。第二部はラッパーや漫画家など多彩な顔ぶれによる、若者の生きづらさについてのトークとパフォーマンスからなる。ここでは、人は自殺しようと思うほどの「どん底」へどのように追いつめられ、また「生き残ってきた希望」をどうやって見いだせたのかをめぐる第一部の内容を紹介したい。

それぞれの経緯は異なる三人（次ページ）だが、その語りには共通点が見いだせる。それは、家庭や仕事での人間関係によって追いつめられ、また人間関係によって回復したということだ。私たちがどのように他者と関係するのか、ひいてはどのような社会が望ましいと考えるのか。三人の「生き残ってきた希望」は、自殺を考える上での本質的な問題を浮かび上がらせているのではないだろうか。

三人の自殺未遂者の「どん底」と「生き残ってきた希望」

❶自助グループで立ち直る

前田昭典さん

一九六三年生まれ。フリー編集者・ライター。仕事のストレスの影響で大量飲酒にはしりうつ病を発症、自殺未遂。現在は断酒し、心理カウンセラーとして働く。

どん底

生きていてつらいという感覚をずっと持っていたのに加え、仕事や人間関係のストレスから大量飲酒し、うつ病を発症した。しかし、自殺未遂をしてしまったときは気持ち的につらいわけではなかった。うつ病が一度は快方に向かったころ、海外出張先のホテルで飲酒してしまい、ふと「ここから飛び降りちゃおう」と思ったのだ。その場は踏みとどまったものの、帰国後の生活はアルコール依存症との闘いの日々となり、入院したこともある（現在は断酒継続中）。

生き残ってきた希望

自分では止められない飲酒も、アルコール依存症の自助グループに通い、そこで会話を続けることで止まった。それだけでなく、ずっと持っていたつらさや寂しさがなくなってきたことは、今振り返ると不思議な体験だった。今では回復し、「自死・行きづらさ自助グループ」や「心理相談室 サウダージ」を自ら主宰し、クライアントからは効果があったとの声も届いている。

❷他者の良心を信じること

由井健介さん

一九六一年生まれ。アニメーターとして働くも体を壊し、ホームレス生活へ。その後得た映像制作の仕事で低賃金長時間労働を強いられ退職。現在は生活保護を受けながら未払い賃金を要求する裁判を検討中。

どん底

過労で体を壊し解雇され、行政の「水際作戦」によって支援も得られないままホームレス生活を十年近く送った。その後、『*ビッグイシュー』の販売中に出会ったある読者から映像制

*ホームレスを販売員として雇用し、売り上げの一部が直接収入となる仕組みで自立を支援する雑誌

作の仕事を斡旋されたが、そこで残業が月一六〇時間にも及ぶ低賃金長時間労働を強いられ、過労死寸前にまで追いつめられた。子役をあやしに行ったところ「怖い」と泣かれてしまったことが、当時一番ショックだった出来事だ。

生き残ってきた希望

過労死寸前のころは別人のように憔悴《しょうすい》していたが、『ビッグイシュー』の販売員をしていたときに出会った読者とのつながりに今は支えられている。思えば、過労に陥ったのも読者との関係がきっかけだったが、それ以上に、読者からの真心を信じて支援を求められたことが、再起への自信に結びついている。実は今日の会場にも、当時の読者が偶然来てくれていてうれしい。

❸常識から解放されて

黒澤裕之さん

一九七九年生まれ。家庭内不和により幼いころからうつ状態に。やがて不登校、ひきこもり状態となり、自殺未遂を経験。現在は心理・福祉を専門学校で学びつつ、グループカウンセリングの相談員も務める。

どん底

一番危なかったのは十代の終わりから二十歳ころだった。両親の夫婦関係が崩壊していた影響で、幼いころからうつ状態だった。とりわけ、母親から強く依存される中でひきこもりがちになり、カウンセリングに通い始めた。しかしここで、当たり前だと思っていたことがひっくり返されたと感じ、飛び降り自殺を計画した。この自殺計画は、葬儀に来てくれる人が誰もいないと格好がつかないと思ったため、決行には至らなかった。

生き残ってきた希望

カウンセリングに通いはじめたことに加え、自助グループを通じて得られた人間関係とその中での気づきが回復に結びついている。自助グループに行くと「変な人」しかいないが、しかしその中で、「こうあるべき」という常識や価値観から解放されていった。自殺を試みたころは自分の価値観が否定されたように感じていたが、自助グループでは自分自身が肯定された思いがした。

自死者の人格の尊厳を守る

平山正実

自死者は、「この世の競争に敗けた憐れな人間だ」「生きていたいのに死なざるをえない人が多い中、少しぐらいつらいからといって死んでいくのは、わがままだ」「かれらは人に迷惑ばかりかけた」といった批判的な意見が投げつけられることが少なくない。そのために自死遺族も世間に対して、負い目や恥の感情を持っている。

米国では、このように社会や親族から疎外され、孤立している自死遺族（サバイバー）の人格の尊厳が保障され生き生きと生きる権利が保障されることを希求して、自死遺族であるサバイバーから、「自死遺族権利宣言」が出されている。この内容については、すでに「いのちの電話」の創設者の一人である斎藤友紀雄氏が紹介している（62ページ参照）。その八つの条項の中で、第五条の項目の中にある「尊厳」という言葉にわれわれは注目した。

生命倫理学の中で、人格の尊厳という言葉が使われる場合、この世の中で最も弱く、疎外され、傷つきやすく、見捨てられる立場にある人々の存在を守る目的で使われることが多い。たとえば、受精卵や胎児、重症の知的・身体的障がい者、精神障がい者、助かる見込みのない末期患者など弱者の人格を守るべしとする主張の中で、生命や人格の尊厳という言葉が使われている。米国においては、自死遺族は、サバイバーという言葉が示すように、犠牲者ないし被害者という枠組の中でとらえられており、その尊厳は守られるべし、といった認識が社会的にも浸透している。

それでは、自死者の場合はどうか。国連総会により発効し、日本も批准している国際人権B規約は、その第十条一項において、「自由を奪われたすべての者は、人道的にかつ人間の固有の尊厳を尊重して、取り扱われる」と規定している。われわれがここで注目するのは「自由」という言葉である。尊厳とのかかわりの中で、自由という言葉が使われている。死者は、一切の自由を喪失ないし剥奪された存在である。かれらは、生者とコミュニケーションを交わすことができない。自らの意思で時空間を移動することもできない。しかも生前、生者ないし社会から疎外され、差別、非難され、その人格は傷つけられ、その存在を見捨てられた人が少なくない。その意味で、自死者は自死遺族と同様に、この世における犠牲者ないし被害者なのではないだろうか。このような自死者の名誉や人格の尊厳は、生者の努力によって回復されるべきであるというのが、われわれの主張である。

日本の刑事訴訟法第四五一条には、再審の審判に関する条文があって、訴訟する権利を有する者は、死亡者又は回復の見込みのない心神喪失者の名誉と尊厳の回復をめざして再審請求することができるとしている。

第二次世界大戦中、国の戦争政策に反対したメディア関係者が、当時の治安維持法によって裁かれた「横浜事件」という言論弾圧事件がある。戦後六〇年たった二〇〇五年、この裁判結果に異議をとなえる人々が死者の名誉と尊厳の回復をめざして、再審裁判を求めた。裁判所もその要求を認め死後再審が開始され、二〇〇九年に免訴判決が言い渡され、一定程度被告人の名誉回復がなされた。

自死者の場合も、今後、倫理的道義的視点からその名誉と尊厳が回復されることを期待したい。われわれは、このような点を踏まえ、自死者の人格の尊厳が維持され、その名誉が回復されるために、自死者の名誉回復宣言をNPO法人グリーフケア・サポートプラザの二〇〇九年四月発行のニュースレターの紙面を通して発表した。

自死者の人格の尊厳と名誉回復宣言

- わたしたちは、おのずから亡くなった人たちの人格の尊厳と名誉を守るために「自殺」という言葉ではなく、「自死」という言葉を用い、つぎのような宣言をします。
- わたしたちは、自死者はその人なりに精一杯生き、敗北者でもなく、偏見をもたれる理由もないと考えます。

- わたしたちは、自死者は、繊細、純粋、心やさしい人たちで、死ぬまで精一杯努力し、まじめに生きたことを肯定的に評価します。
- わたしたちは、自死者の人格を非難、中傷、攻撃するような社会的風潮に反対します。
- わたしたちは、自死者はいのちを大切にしなかったわけではなく、やむなく死にいたったのだと考えます。
- わたしたちは、自死をいたずらに推奨し、美化したりは決していたしません。
- わたしたちは、自死者の思いに寄り添い、祈ります。

NPO法人グリーフケア・サポートプラザ

自死者の名誉回復宣言検討委員会

＊編集部注：上記「自死者の人格の尊厳を守る」は平山正実氏の遺稿より、本書籍共同監修の斎藤友紀雄氏がまとめたものです。

おわりに——平山正実先生を偲んで

日本自殺予防学会創立者の一人であり、ことに自死遺族支援活動に功績のあった精神科医の平山正実先生が亡くなり、二〇一四年の新年早々、築地の聖路加国際病院礼拝堂で告別式が行われました。本書ははじめ『信徒の友』誌に二〇一二年四月から二年間にわたって、「シリーズ　自死を考える」と題して連載されてまいりました。シリーズ最終の二〇一四年三月号では平山先生に総括していただく予定でしたが、先生はその前年末に天に召され、かなわぬ願いとなりました。そこで平山静栄夫人に捜していただいたのが、最後に掲載した「自死者の人格の尊厳を守る」です。本書の最後を飾るには最もふさわしい論文であると思います。

彼との出会いは一九七三年で、いのちの電話医療電話相談室、精神科面接室などで、ボランティア医師の一人として奉仕していただいておりました。筆者がその二年前の七一年に開始され、七三年暮れに厚生省から認可された「社会福祉法人いのちの電話」に事務局長として招かれた年でもありました。

その後平山氏と筆者とは四〇年にわたり、グリーフ・ワーク、危機介入、自殺予防などのテーマで何度も雑誌などで共同編集を担い、忘れえぬ懐かしい思い出となりました。

精神科医の仕事はまず何よりも、こころ病む人たちの治療ですが、平山先生は治療だけでなく、さらにケアという課題をいつも見据えていました。彼が自殺防止やこころ病む人たちへのケアを生涯の課題にしたのは、彼の大学時代の親友がこころを病んで自殺してしまったことがきっかけでした。その遺書には「私のようなこころ病む人を助ける仕事をしてほしい」とあったそうで、この経験こそ、平山氏が精神科医となる動機でした。その後先生は四〇年にわたって自治医科大学、東洋英和女学院大学、聖学院大学大学院に勤務、精神医学を軸に、医療哲学、死生学、グリーフ・ワークなどを講じてきました。

一九九三年には、足立区北千住にクリニックを開設、デイケアやグループ・ホームを設置するなど地域医療に取り組まれました。しかも平山先生は治療者、研究者であることに留まらず、それを越えて、こころを病む人たちの訴えに、じっくり寄り添って、さりげなく傾聴していた姿を思い起こします。平山先生は多くのボランティア相談員に、彼自身の生きざまをもって相談のあり方を、身をもって教えてくれたように思われてなりません。身近で働いてきた人は、先生を偲ぶ記念会で「患者さんの前で謙虚に診察される先生の姿が思い浮かぶ」と語っていました。

二〇〇一年にはさらに、ＮＰＯ法人グリーフケア・サポートプラザを創設、自死遺族の人権を守ること、さらには自死者の尊厳の回復といった活動を展開しました。つまり平山先生が最後の情熱を注いだ仕事は、自死遺族支援でした。

わが国では、二〇〇六年の国会で「自殺対策基本法」が制定されています。その第一章、第一条に自死遺族支援が明記されたことは画期的なことでした。さらに二〇〇七年には内閣府が「自殺総合対策大綱」を閣議決定し、二〇一二年に見直し改定が実施されましたが、第三章八項では次のように明記されています。

8．遺された人への支援を充実する
自殺や自殺未遂の発生直後に遺された人等に対するケアを行うとともに、必要な情報提供を推進するなど、支援を充実する。また、遺族の自助グループ等の地域における活動を支援する。

（一）遺族の自助グループ等の運営支援
精神保健福祉センターや保健所の保健師等による遺族等への相談体制を充実するとともに、地域における遺族の自助グループ等の運営、相談機関の遺族等への周知を支援する。

（二）学校、職場での事後対応の促進
学校、職場での自殺や自殺未遂の発生直後の周りの人々に対する心理的ケアが的確に行われるよう自殺発生直後の職場における対応マニュアルや学校の教職員向けの資料の普及を図る。

（三）遺族等のための情報提供の推進等

遺族等のための地方公共団体による各種相談窓口の一覧表、民間団体の連絡先等を掲載したパンフレットの作成と、遺族等と接する機会の多い関係機関等での配布を促進するなど、遺族等が必要とする支援策等に係る情報提供を推進する。いわゆる心理的瑕疵物件をめぐる空室損害の請求等、遺族等が直面し得る問題について、法的問題も含め検討する。

（四）遺児への支援

精神保健福祉センターや保健所の保健師等による遺児に関する相談体制を充実するとともに、地域における遺児の自助グループ等の運営、相談機関の遺児への周知を支援する。遺児に対するケアも含め教育相談を担当する教職員の資質向上のための研修等を実施する。

このような国の法律や指針に先立って、平山正実氏が創設したＮＰＯ法人グリーフケア・サポートプラザをはじめとして、全国的に拡大された自死遺族支援グループが、先駆的に優れた支援活動を進めてきたことに対して、こころからの敬意を表したいものです。二〇一〇年以来自殺者数が減少していますが、筆者は自死遺族支援活動が自殺に対する偏見を糺し、自殺を減少させていると解釈しています。

平山正実先生の告別式の最後に、弔問者に挨拶された内科医でもある平山静栄夫人は、正実先生の愛唱句は「たとえ明日が世の終わりであるとしても、私は今日リンゴの樹を植える」(宗教改革者ルターのことば)であったと紹介されました。この言葉は、誰に対してもリンゴのように、いつも郁々と香るかのように接しておられた正実先生の生きざまを象徴しているようです。

あとがきというよりも、平山正実先生の追悼文となりました。ご一緒に平山先生を偲び、彼が遺した事業を引き継ぎたいと願います。その一助を担う本書が自死遺族、こころ病む方々に何らかの慰め、励ましとなれば望外の喜びです。

斎藤友紀雄

和歌山いのちの電話協会 ………………………… 073-424-5000

鳥取いのちの電話 ………………………………… 0857-21-4343

島根いのちの電話 ………………………………… 0852-26-7575

岡山いのちの電話協会 …………………………… 086-245-4343

広島いのちの電話 ………………………………… 082-221-4343

香川いのちの電話協会 …………………………… 087-833-7830

愛媛いのちの電話協会 …………………………… 089-958-1111

高知いのちの電話協会 …………………………… 088-824-6300

北九州いのちの電話 ……………………………… 093-671-4343

福岡いのちの電話 ………………………………… 092-741-4343

山口いのちの電話 ………………………………… 0836-22-4343

佐賀いのちの電話 ………………………………… 0952-34-4343

長崎いのちの電話 ………………………………… 095-842-4343

熊本いのちの電話 ………………………………… 096-353-4343

大分いのちの電話 ………………………………… 097-536-4343

鹿児島いのちの電話協会 ………………………… 099-250-7000

沖縄いのちの電話 ………………………………… 098-888-4343

東京いのちの電話 ………………………………… 03-3264-4343

東京多摩いのちの電話 ……………………………… 042-327-4343

東京英語いのちの電話 ……………………………… 03-5774-0992

川崎いのちの電話 ………………………………… 044-733-4343

横浜いのちの電話 ………………………………… 045-335-4343
スペイン語 ……………………………………… 045-336-2477
ポルトガル語 …………………………………… 045-336-2488

山梨いのちの電話 ………………………………… 055-221-4343

静岡いのちの電話 ………………………………… 054-272-4343

浜松いのちの電話 ………………………………… 053-473-6222
ポルトガル語 …………………………………… 053-474-0333

岐阜いのちの電話協会 ……………………………… 058-277-4343

愛知いのちの電話協会 ……………………………… 052-931-4343

三重いのちの電話 ………………………………… 059-221-2525

滋賀いのちの電話 ………………………………… 077-553-7387

京都いのちの電話 ………………………………… 075-864-4343

奈良いのちの電話協会 ……………………………… 0742-35-1000

関西いのちの電話 ………………………………… 06-6309-1121

神戸いのちの電話 ………………………………… 078-371-4343

はりまいのちの電話 ……………………………… 079-222-4343

日本いのちの電話連盟加盟センター

旭川いのちの電話	0166-23-4343
北海道いのちの電話	011-231-4343
あおもりいのちの電話	0172-33-7830
秋田いのちの電話	018-865-4343
盛岡いのちの電話	019-654-7575
仙台いのちの電話	022-718-4343
山形いのちの電話	023-645-4343
福島いのちの電話	024-536-4343
新潟いのちの電話	025-288-4343
長野いのちの電話	026-223-4343
長野いのちの電話・松本	0263-29-1414
群馬いのちの電話	027-221-0783
栃木いのちの電話	028-643-7830
足利いのちの電話	0284-44-0783
茨城いのちの電話	029-855-1000
茨城いのちの電話・水戸	029-350-1000
埼玉いのちの電話	048-645-4343
千葉いのちの電話	043-227-3900

●死別の体験分かち合い 風の道(富山)
40 ページ
090-2372-0388
毎月第 3 土曜日 13:00-15:00、自死遺族や死別体験者の分かち合い。

●こころの絆をはぐくむ会
40 ページ
054-246-6748 (伴司法書士事務所内)
054-273-7450 (会場)
偶数月の第 1 水曜日、奇数月の第 2 土曜日の 14:00-16:00、死別の悲しみの分かち合い。

●認定NPO法人グリーフケア・サポートプラザ
61 ページ
03-5775-3876 (事務局)
03-3796-5453 (傾聴専用)
茶話会毎月第 1 土曜日 14:00-16:30、
プラザホープの会奇数月第 2 日曜日 14:00-16:30、
分かち合いの会毎月第 3 日曜日 14:00-16:30。全て自死遺族限定。
傾聴電話は毎週火・木・土曜日 10:00-18:00 に実施。

●特定非営利活動法人全国自死遺族総合支援センター
61 ページ
03-3261-4930 (事務局)
03-3261-4350 (自死遺族相談ダイヤル)
毎週木曜日 11:00-19:00、自死遺族相談ダイヤル。

●ともに歩む会 永山教会自死遺族の集い
77 ページ
042-374-4586
毎月第 3 土曜日 10:00-12:00、自死遺族の分かち合い。

●クリスチャン自死遺族の集い ナインの会
http://chiisanaippo.com/christian.html
090-8519-8122、026-225-5421 (前島恒郎)

●**特定非営利活動法人国際ビフレンダーズ 大阪自殺防止センター**
197 ページ
06-6260-4343
金曜日 13:00 から日曜日 22:00、電話相談。
毎週木曜日に面談、月～金曜日 10:00-17:00 に事務局に電話で予約。

●**特定非営利活動法人国際ビフレンダーズ 熊野自殺防止センター**
197 ページ
05979-2-2277
金曜日 19:00-23:00、電話相談。

●**特定非営利活動法人国際ビフレンダーズ 岩手自殺防止センター**
197 ページ
019-621-9090
土曜日 20:00 から翌朝 4:00、電話相談を実施。東北 6 県のみを対象にしたフリーダイヤル「いわてココライン」は、土曜日 20:00-24:00、0120-334-964 で実施。

●**特定非営利活動法人国際ビフレンダーズ 宮崎自殺防止センター**
197 ページ
0985-77-9090
日・月・水・金曜日 20:00-23:00、電話相談を実施。

●**特定非営利活動法人国際ビフレンダーズ あいち自殺防止センター**
197 ページ
0568-70-9090
土曜日 0:00-5:00、電話相談を実施。

グリーフケア

●**特定非営利活動法人 生と死を考える会**
40 ページ
03-5577-3935
毎月第 1 土曜日 14:00-17:00、自死遺族の分かち合い。第 2 金曜日 14:00-17:00、子どもを亡くした人の分かち合い。第 3 火曜日 18:30-20:30、第 4 土曜 14:00-17:00 さまざまな死別体験をした人の分かち合い。第 3 土曜日 17:00-19:30、20-30 代の死別した人の分かち合い。

関係団体連絡先（データは2015年2月10日現在）

◆ページ番号があるものは初出ページ

自殺予防

●一般社団法人いのちの電話連盟

8ページ

0120-738-556

毎月10日8:00から翌日8:00、フリーダイヤルでの電話相談。

●特定非営利活動法人キリスト教メンタルケアセンター（CMCC）

33ページ

03-5350-4224（東京）

045-624-4980（横浜）

月～金曜日10:00-16:00、電話相談。面談、手紙による相談も可能。

●キリスト教カウンセリングセンター（CCC）

94ページ

03-3971-0179

月～金曜日10:00-16:00、面談、電話相談予約。面談は月～土10:30-16:00の間に可能。

●公益社団法人青少年健康センター クリニック絆

113ページ

03-5319-1760

月～金曜日13:00-18:00、電話相談。第2・4土曜日は精神科医が対応するが、予約が必要。

●特定非営利活動法人国際ビフレンダーズ 東京自殺防止センター

197ページ

03-5286-9090

20:00から翌朝6:00、年中無休で電話相談。ただし毎週火曜日は17:00から翌朝6:00。

【監修者紹介】

平山正実（ひらやま まさみ）

1938年生まれ。横浜市立大学医学部卒業。自治医科大学助教授、東洋英和学院大学大学院教授を経て、聖学院大学総合研究所・大学院教授、北千住旭クリニック精神科医、NPO法人グリーフケア・サポートプラザ理事長。医学博士、精神保健指定医。著書に『自ら逝ったあなた、遺された私』（朝日新聞出版、2004年）、『はじまりの死生学』（春秋社 2005年）、『精神科医の見た聖書の人間像』（教文館 2011年）ほか多数。2013年12月逝去。

斎藤友紀雄（さいとう ゆきお）

1936年生まれ。日本基督教団牧師。東京神学大学、米国ランカスター神学校および同市総合病院で神学と臨床心理学を学ぶ。一般社団法人日本いのちの電話連盟理事、日本自殺予防学会理事長、青少年健康センター会長、キリスト教カウンセリングセンター研修所所長、日本臨床死生学会理事などを務める。著書に『今、こころを考える』（日本キリスト教団出版局、2002年）、訳書『電話カウンセリング』（M. ローゼンフィールド、川島書店、1999年）、監修・解説：寺嶋公子訳『インターネット・カウンセリング』（B. クナッツ、B. ドディエ著、ほんの森出版、2007年）他多数。

自死遺族支援と自殺予防
――キリスト教の視点から

2015年3月16日初版発行

編集　『信徒の友』編集部
監修　平山正実、斎藤友紀雄
発行　日本キリスト教団出版局
〒169-0051 東京都新宿区西早稲田2丁目3の18
電話・営業 03-3204-0422 編集 03-3204-0427
http://bp.uccj.or.jp
印刷・製本　河北印刷株式会社
カバーデザイン　向谷地ひろむ
本文DTP　株式会社 m2design
カバー・本文写真　山口学

ISBN978-4-8184-0894-4 C0011 日キ販
Printed in Japan